SASCHA SCHMIDT

WIEDER PAAR SEIN!

Erfüllte Zweisamkeit trotz Arbeit und Kind

humboldt

INHALT

EINLEITUNG

Wo tanken Sie auf? Wo finden Sie Ihren Ruhepol?
Wo fühlen Sie sich geborgen? Die Partnerschaft
von Frau und Mann ist Ihre Energietankstelle,
Ihr Rastplatz und Ihr sicherer Rückzugort.

In meinen Beratungen und Vorträgen von Eltern, die Karriere mit Kind machen wollen, wird ein enormer Leistungsdruck sichtbar, den sich die Eltern größtenteils selbst auferlegen. Es prallen äußere und innere Welten aufeinander.

Von außen kommen die lebensnotwendigen Bedürfnisse des Kindes nach Nähe und Aufmerksamkeit. Zusätzlich zerrt der Job an Ihnen. Berufstätige Eltern sind Organisationswunder, wenn sie alle Bälle von der Kinder- bis zur Berufswelt in der Luft halten. Das erfordert Disziplin und Lebensenergie.

Von innen kommen die eigenen Ansprüche und Antreiber dazu. Die Varianten sind höchst individuell und vielseitig. Klassiker sind der Wunsch nach der perfekten Mutter- oder Vaterrolle sowie danach, sich im Beruf entfalten zu können. Die Realität steht dem stets entgegen, und so laufen viele berufstätige Eltern mit quälenden Gedanken oder einem schlechten Gewissen gegenüber ihrem Kind und ihrem Job herum.

Der Partner an Ihrer Seite dagegen scheint eine Selbstverständlichkeit zu sein. Das ist ein gefährlicher Trugschluss! Vor der Gründung einer Familie hatten Sie einen Spagat zwischen Arbeits- und Partnerleben. Als Paar konnten Sie locker berufliche Ambitionen mit einem attraktiven Privatleben verbinden. Die Probleme und Herausforderungen waren überschaubar.

Mit der Geburt des ersten Kindes aber werden die Karten neu gemischt. Sie wissen nicht, was Sie erwartet, wie Sie sich als Mutter oder Vater fühlen, was Ihr Kind speziell von Ihnen braucht. Auch im Job kann es zu Überraschungen kommen. Angeblich familienfreundliche Arbeitgeber entdecken plötzlich Gründe, wieso es doch nicht so passt. Gerade Frauen mit Karriereambitionen spüren Skepsis, wie das denn gehen soll. Männer kommen noch nicht über eine kurze Elternzeit hinaus, und Väterzeit ist leider bei der Mehrzahl der Unternehmen eine Karrierebremse. Kinder brauchen also Eltern mit Rückgrat und Mut für eigene Wege, damit die Vereinbarkeit von Familie und Beruf klappt. Das kostet Sie Kraft!

Die Basis für eine stabile Vereinbarkeit von Familie und Beruf ist eine gesunde und gelebte Partnerschaft als Frau und Mann. Ihr Paarsein ist der Nährboden, auf dem Ihre Kinder und Ihre Karriere gedeihen. Wenn Sie als Paar ausgetrocknet sind, dann herrscht emotionale Dürre in der Familie. Das tut niemandem gut – erst recht nicht Ihren Kindern.

Investieren Sie in Ihr Paarsein!

Indem Sie Ihre Partnerschaft liebevoll gestalten und lebendig halten, schaffen Sie einen nahrhaften Mutterboden, der Sie stärkt für alle Herausforderungen rund um Kind und Karriere. Dieses Buch versteht sich als erste Hilfe für Notfälle, Impulsgeber und Wegbegleiter.

Ich habe für Sie die häufigsten Bedrohungen für Paare mit Kindern aufgelistet. Sie stammen aus meiner langjährigen Beratungspraxis mit berufstätigen Eltern. Zu jeder Bedrohung finden Sie am Ende des Abschnitts konkrete Hilfen.

Das Gleiche gilt für die folgenden Kapitel rund um Partnerschaft, Konfliktverhalten und den Sonderfall Patchwork. Mir ist bewusst, dass Ihre Zeit kostbar ist. Daher ist jedes Kapitel und jeder Abschnitt so formuliert, dass Sie genau da einsteigen können, wo es für Sie Sinn ergibt.

Der Grundgedanke dieses Buches ist der eines Kochbuches. Sie finden Rezepte zu unterschiedlichen Paarsituationen und allgemeine Impulse zum Paarsein an sich. Lassen Sie sich inspirieren. Wie bei einem guten Essen reichen die Zutaten und Rezepte nicht aus: Die Liebe und Leidenschaft für das Kochen gibt dem Essen die gewisse unverkennbare Extranote. Das gilt auch für Ihre Partnerschaft: Die Basis ist Ihre Liebe zu Ihrem Partner – verlieren Sie diese nicht!

Ich wünsche Ihnen von Herzen ein gutes Gelingen als Paar, als Familie und für Sie ganz persönlich.

Ihr
Sascha Schmidt
www.wieder-paar-sein.de

VOM PAAR ZUR FAMILIE

Die Geburt des ersten Kindes macht alles neu. Aus einem Paar wird eine Familie. Aus Frau und Mann werden Mutter und Vater. Das ist eine grundlegende Veränderung. Nicht jedes Paar ist darauf vorbereitet.

Mein Baby ist da. Wir sind endlich eine Familie! Eine überglückliche Mutter

Mein altes Leben habe ich an der Garderobe vor dem Kreißsaal abgegeben. Jetzt beginnt etwas ganz Neues! Ein frischgebackener Vater

Ab dem Zeitpunkt, wo Sie sich entscheiden, eine Familie mit Kindern gründen zu wollen, beginnt eine Veränderung in der Partnerschaft. Sie haben gemeinsame Vorstellungen, Träume und Ängste – bezogen auf die Familiengründung. Mit Beginn der Schwangerschaft ist das ungeborene Baby bereits ein dominierendes Mitglied in der Familie. Es wird voller Freude erwartet, das Nest wird gebaut, und ein neuer Lebensabschnitt beginnt. Es gibt Paare, die das ohne Probleme meistern; andere geraten in eine Krise und fangen sich wieder. Und es gibt Familien, die zerbrechen bereits in der Schwangerschaft oder nach der Geburt, da das Paarleben nicht mehr vorhanden ist.

Die Zahlen des Statistischen Bundesamtes zeigen es deutlich an: Die meisten Ehen werden im sechsten oder siebten Jahr geschieden. Davor liegt ein gesetzlich gefordertes Trennungsjahr und davor wiederum eine zermürbende Zeit von Konflikten und Streit – zumal wenn Kinder dabei sind und man es sich nicht einfach macht.

Das entspricht der Erfahrung von vielen Hebammen und Krippen-Erzieherinnen, die mit jungen Eltern in Kontakt sind. Der Übergang vom Liebespaar mit vielen Urlaubsreisen, beruflicher Selbstver-wirklichung, Sonntagen mit Frühstück im Bett zu einer Familie mit Verantwortung für das gemeinsame Kind, durchwachten Nächten, Sorgen und Ängsten ist kein leichter. Hier lernen Sie sowohl sich als auch Ihren Partner neu kennen – mit nicht immer angenehmen Überraschungen. Was passiert da eigentlich?

Paarleben ist nicht gleich Familienleben

Die Veränderung, die ein Kind in eine Partnerschaft bringt, lässt sich nicht theoretisch erfassen. Sie werden oder haben es bereits erfahren: all das Glück, die Herzensmomente, das Verschmelzen mit dem Baby wie auch die Sorgen über Gesundheit, das „Richtig-machen-Wollen", das Unverständnis, wieso der Vater jetzt wieder Sex haben will. Die beiden Seiten der Medaille lassen sich beliebig erweitern. Glück und Frust gehen Hand in Hand.

Evolution der Partnerschaft

Am Anfang flattern Schmetterlinge im Bauch, die Brille ist rosarot und der Partner einfach das Beste, was einem passieren konnte. Die Hormone spielen verrückt. Der Sex ist neu, aufregend. Alles gut. Wie Verliebtsein eben ist.

Aus dem Verliebtsein wird Liebe. Wir lernen unser Gegenüber immer besser kennen, entdecken Macken, ungeahnte Stärken und versteckte Schwächen. Wir fangen an, uns aufeinander zu beziehen, Pläne zu schmieden. Die berühmte Frage wird gestellt: „Haben wir jetzt eine Beziehung?" Der Sex wird weniger aufregend, zugleich intimer und intensiver, denn wir vertrauen uns. Müssen nicht mehr gefallen, sondern fühlen uns geliebt, so wie wir sind.

Die nächste Stufe ist: Wir wollen ein Kind. Wir gründen unsere Familie. Das ist ein entscheidender Schritt. Sie verlassen damit Ihre Herkunftsfamilie und erschaffen etwas Neues. Gleichzeitig bekommen Sie neben dem Geschenk eines Kindes zusätzlich eine große Herausforderung für Ihr Leben mit: Sie tragen jetzt Verantwortung. Nicht nur für sich selbst, sondern für das gemeinsame Kind.

TEAMARBEIT ALS ELTERNPAAR

- Klären Sie bereits in der Schwangerschaft ab, wie Sie die ersten zwei Jahre meistern wollen – wohl wissend, dass die Partnerschaft darunter leiden wird. Falls Sie das nicht gemacht haben: Es ist nie zu spät, darüber zu reden!
- Verbringen Sie zusammen Zeit mit dem Baby. Schaffen Sie damit gemeinsame Erlebnisse und Erinnerungen.
- Verteilen Sie klare Verantwortlichkeiten im Alltag. Wer steht nachts auf? Wer hat den Windelvorrat im Blick? Wer macht die Arzttermine? Wer kümmert sich um einen Krippenplatz?
- Treffen Sie wichtige Entscheidungen für Ihr Kind gemeinsam. Dazu zählen die Art der Betreuung, die Ernährung, die Gesundheit (z. B. Impfungen).
- Für die Mütter: Vertrauen Sie dem Vater und lassen Sie los. Er wird es auf seine Art richtig machen.
- Für die Väter: Fordern Sie liebevoll und zugleich bestimmt Ihre alleinige Zeit mit dem Baby ein. Sie legen hier den Grundstein für eine tragfähige Vater-Kind-Beziehung.
- Verabschieden Sie sich bewusst mit einem schönen Akt (Dinner zu zweit, Kurzurlaub) übergangsweise vom Paarsein.
- Setzen Sie sich einen Fixpunkt, ab wann Sie wieder verstärkt in Ihre Zweisamkeit Zeit investieren wollen. Feiern Sie diesen Zeitpunkt, wenn er da ist.

Die ersten zwei Jahre als Familie

Manche Eltern gehen total in der Rolle als Mutter oder Vater auf, so dass sie die Partnerschaft als Frau und Mann vergessen. In den ersten zwei Jahren brauchen Babys sehr viel Aufmerksamkeit. Da bleibt dann wenig Energie, Lust und Zeit, sich jetzt auch noch um den Partner zu kümmern.

Für diese Zeit gibt es eine einfache Lösung: Elternschaft ist Teamarbeit. Das bedeutet jedoch nicht, einer – häufig die Mutter – sagt an und einer – häufig der Vater – arbeitet zu. Das wird nicht funktionieren bzw. ist eine Ursache, wieso Paare in der Familie in die Krise schlittern. Es geht um Teamarbeit auf Augenhöhe.

Die Folgejahre

Verpassen Sie nicht den Absprung vom reinen Mutter- und Vatersein. Das tut Ihnen nicht gut und tut dem Paarsein nicht gut. Und es tut Ihrem Kind nicht gut. Wer sich zwei Jahre lang fremdbestimmt gefühlt hat, sollte zur Selbstbestimmung zurückkehren. Das bedeutet hauptsächlich für die Mütter, dass sie loslassen. Das Kind kann ab dem Alter von zwei Jahren deutlich mehr alleine agieren und passt sich dem Leben der Eltern an.

Für Mutter und Vater ist es wieder an der Zeit, mehr Frau und Mann zu werden. Die Tipps für die Eltern-Teamarbeit gelten weiter, doch in dem Maße, in dem das Kind selbstständiger wird, sollten Mütter wieder Frau und Väter wieder Mann werden.

Die Faustregel für das Familienleben lautet: Glückliche Kinder haben glückliche Eltern. Also beginnen Sie wieder, in sich, in Ihre Träume und Ihre Partnerschaft Energie und Zeit zu investieren. Es lohnt sich für alle – besonders für die Kinder!

Trennung – ja oder nein?

Wir leben in einer Leistungs- und Wegwerfgesellschaft. Was nicht passt, wird passend gemacht oder ausgetauscht. Das Neue verspricht immer mehr und besser zu sein. Wie sonst schaffen es Apple und Co., immer wieder neue Smartphones unter die Leute zu bringen?

Bei zwischenmenschlichen Beziehungen beobachten Wissenschaftler und Psychologen einen Trend zu mehr Freiheit und Unverbindlichkeit. Ist ja auch logisch: Die Ehe als Existenzgerüst für die Frau hat – zum Glück – ausgedient. Heute können wir frei und selbstbestimmt entscheiden, mit wem und wie lange wir in Beziehung sein wollen.

Innerhalb eines Paarlebens gibt es drei zentrale Phasen, in denen richtungsweisende Entscheidungen getroffen werden. Im Idealfall bei vollem Bewusstsein und gemeinsam, häufig jedoch unbewusst und allein, manchmal sogar den Entscheidungen des Partners entgegengesetzt. Da liegt dann die Zeitbombe begraben, die im Laufe einer Beziehung immer schärfer werden kann – bis zur Explosion.

Erste Entscheidung: Vom Verliebtsein zur Liebe

Das Verliebtsein ist gesteuert durch unsere Hormone und Neugierde. Wenn wir ineinander verliebt sind, dann spüren wir Glücksgefühle und Lebendigkeit in uns. Wir können Berge erklimmen, Bäume ausreißen, machen „kindische" Sachen, sind unerträglich für unsere Umwelt, Leben in der Glocke unseres Glücks. Erotik und Sex sind neu, aufregend und maßlos. Der Alltagstrott liegt hinter uns, vor uns das Land der Abenteuer zu zweit.

Mit der Zeit aber schleicht sich Routine ein. Wir gehen nur noch lustlos dem Partner zuliebe mit in den Action- oder Liebesfilm, auf den wir eigentlich auch verzichten könnten. Der Sex verliert an Neuigkeitswert und wird eingespielter. Verhaltensweisen, die uns vorher amüsierten und die wir süß oder niedlich fanden, fangen an zu nerven. Wir sehen den ganzen Menschen vor uns. Das liegt daran, dass unsere rosarote Brille sich wieder entfärbt und dass unser Partner sich auch weniger verstellt und mehr sie oder er selbst ist.

Hier fällt die erste Entscheidung, sich zu lieben oder sich zu trennen. Sich zu lieben heißt, den anderen anzunehmen, wie er oder sie ist. Es bedeutet auch, sich selber nicht mehr zu verstellen, sondern sich zu zeigen mit allen Ängsten, Bedürfnissen und Wünschen, die in uns schlummern. Sich geborgen zu fühlen und Geborgenheit zu geben. Wertvoll zu sein, so wie man ist, und den Partner wertzuschätzen.

Wenn ich das nicht kann oder will, dann fällt eine Trennung leicht. Es war dann eben eine schöne Zeit, eine Affäre, eine unbeschwerte Urlaubserfahrung. Menschen, die hier die Trennung verpassen und in eine Beziehung schlittern, die sie eigentlich gar nicht wollen, fliegen später häufig aus der Bahn – mit der Erfahrung, dass verspätete Trennungen oft viel schmerzlicher sind.

Zweite Entscheidung: Vom Paar zur Familie

„Ich will ein Kind *von* dir" oder „Ich will ein Kind *mit* dir" – wo liegt der Unterschied? Die Variante „mit dir" enthält ein Miteinander, eine Gemeinsamkeit in der Familiengründung. „Von dir" kann dies auch enthalten, zugleich bleibt ein Beigeschmack. Es besteht die Gefahr, dass etwas dem Partner zuliebe gemacht wird, nicht, weil man es selbst möchte, sondern weil es der andere will. Und da man ihn nicht verlieren will, macht man es eben – ein Nährboden für späteren Paarstress.

Die Entscheidung, ob Sie eine Familie gründen wollen, sollte ehrlich und klar getroffen werden. Ehrlich mir selbst gegenüber („Will ich das wirklich?") und klar meinem Partner gegenüber („Ich spreche aus, was ich fühle und denke"). Wenn Sie sich in einem Ja treffen, dann haben die Familiengründung und Sie als Paar eine gute Basis.

Bei einem Jein gibt es ein Restrisiko. Hier gilt es hinzuschauen und abzuwägen, ob Sie es trotzdem wagen. Sagt einer von ihnen klar Nein, müssen Sie abwägen: Will ich unbedingt eine Familie? Dann habe ich ehrlicherweise jetzt gerade den falschen Partner dafür. Oder will ich warten, ob das Nein später einmal doch zu einem Ja wird?

Wenn ich den falschen Partner für eine Familie habe, dann muss ich mich entscheiden: Verzichte ich auf meinen Wunsch oder trenne ich mich? Aufgrund der biologischen Uhr haben Frauen einen größeren Entscheidungsdruck als Männer. Während der Mann ruhig noch bis in seine Fünfziger abwarten kann, stehen Frauen schon um die 40 vor dieser Frage. Seien Sie ehrlich zu sich: Eine Trennung ist schmerzhaft, gerade wenn sie als Paar schon viele Gemeinsamkeiten, Erinnerungen und ein großes Geborgenheitsgefühl haben. Gleichzeitig ist ein unerfüllter Familienwunsch viel Sprengstoff.

Dritte Entscheidung: Trennen trotz Kind?

In den beiden ersten Phasen fällt die Trennung nicht leicht. Doch sie betrifft nur Sie beide! Eine Trennung von Frau und Mann in einer Familie ist immer eine Trennung von Mama und Papa für das Kind. Das tut jedem Kind weh, denn es besteht sozusagen aus Mama und Papa: Beide Anteile sind im Kind, zu beiden Elternteilen verspürt es Liebe und Loyalität. Deshalb haben wir hier eine besonders große Verantwortung als Erwachsene und Eltern.

Leider sind Paare im Rosenkrieg blind; die Verantwortung wird nicht übernommen und die Kinder werden für eigene Bedürfnisse genutzt. Das tut keinem gut! Deshalb ergibt es viel Sinn, die Trennung als letzte Lösung zu sehen. Wer sich aus einer Laune heraus trennt, handelt fahrlässig. Ich erlebe viele – gerade Männer – in meinen Beratungen, die sich frisch verliebt haben und jetzt dem Reiz des Neuen folgen wollen. Hormone machen blind. Das Aufwachen danach ist bitter und hinterlässt Folgeschäden. Sie merken, es wird kompliziert. Sie sind nicht mehr im lockeren Verliebtheitsstadium, sondern tragen plötzlich eine doppelte Verantwortung – gegenüber Familie und Affäre. Übrigens auch, wenn man sich vor der Verantwortung drückt. Verantwortung ist da, Sie können sie nicht abgeben. Was tun?

Bei Gesprächen mit Paaren mit Kindern, die kurz vor der Trennung stehen, zeigt sich immer wieder, dass die Partnerschaft auf der Strecke geblieben ist. Die Gründe dafür sind höchst unterschiedlich und individuell, wie Sie noch lesen werden. Ein Grund jedenfalls liegt in der fehlenden Bewusstheit und Ehrlichkeit innerhalb der ersten Entscheidungen als Paar – also vom Verliebtsein zur Liebe und vom Paar zur Familie. Diese Entscheidungen und die zugrundeliegenden Annahmen über das Familienleben zu analysieren ist ein längerer Prozess, der nur funktioniert, wenn beide es wirklich wollen. Es kommen dabei Lebenslügen und ausgeblendete Gefühle auf den Tisch. Doch wenn Sie sich als Paar diesem Prozess stellen, haben Sie die Chance zu einem Entwicklungsschritt, der die Familie wieder trägt und die Liebe wieder zum Vorschein bringt.

NOTFALLPLAN, WENN SIE AN TRENNUNG DENKEN

- **Als Verliebte:** Folgen Sie Ihrem Herzen und Verstand.
- **Als Paar:** Finden Sie die Ursachen für die Probleme in der Partnerschaft. Schauen Sie mit Herz und Verstand darauf und wägen Sie ab, ob Trennung die Lösung ist oder eher eine Flucht. Überlegen Sie, Hilfe im Rahmen einer Paarberatung zu holen, wenn Sie beide etwas ändern wollen.
- **Als Paar und Familie:** Sie sind nicht mehr allein, sondern Sie tragen beide die Verantwortung für Ihre Kinder. Trennung sollte die letzte Lösung sein. Holen Sie sich Hilfe in einer Paarberatung. Wenn der Partner das nicht will, dann suchen Sie für sich selbst externe Hilfe, denn es geht darum, sich nicht zu spontanen Handlungen hinreißen zu lassen. Ausnahme: Sobald Gewalt vorhanden ist, müssen Sie zu Ihrem eigenen Wohl und dem Ihres Kindes sofort handeln.

WAS DIE PARTNERSCHAFT BEDROHT

*Es ist der eine Tropfen, der das Fass zum Über-
laufen bringt. Doch vorher sind schon viele
Tropfen ins Fass geflossen. Die Entfremdung als
Frau und Mann ist schleichend, sie wird oft
kaum wahrgenommen und ist dann plötzlich da.*

*Wir haben uns nichts mehr zu sagen. Wir funktionieren
nach außen wunderbar. In uns drinnen sieht es leer aus.*

Ein Paar kurz vor der Trennung

Menschen verlieben sich, sie werden ein Paar und leben in Beziehung. Neben der körperlichen und geistigen Anziehung sind Interessen und Projekte eine Basis für ein gemeinsames Wachstum als Paar. Die Geburt eines Kindes stellt einen tiefen Einschnitt da: Jetzt sind wir Eltern! Prioritäten verschieben sich, Hobbys müssen pausieren. Der Freundeskreis erweitert sich um neue junge Eltern, kinderlose Freunde geraten in den Hintergrund. Die Liste lässt sich endlos weiterführen. Fazit: Ein Kind ist eine tiefe Veränderung im Leben eines Paares.

In der Soziologie spricht man hier von der Rushhour des Lebens. Alles auf einmal: Berufseinstieg, Karriereschritte sowie Familiengründung, also alles, was zwischen 25 und Ende 30 im Leben einer Frau oder eines Mannes passieren kann. Das ist für einige zu viel. Es kostet Kraft und Energie. Wenn die Partnerschaft keine Energie-Tankstelle mehr ist, sondern nur Energie raubt, dann besteht akute Gefahr für ein Paar.

Zwei Welten prallen aufeinander: Familien- und Jobleben

Wenn er nach Hause kommt und fragt, was ich den ganzen Tag gemacht hätte, könnte ich ausrasten. Mutter in Elternzeit

Wenn ich nach Hause komme, habe ich das Gefühl, ich störe. Da bleibe ich doch lieber im Büro und sorge für das Geld.
Beruflich erfolgreicher Vater

Mit der Geburt des ersten Kindes beginnt ein neuer Lebensabschnitt. Und es wird eine neue Lebenswelt eröffnet: das Familienleben. Alles, was vorher das Paarleben ausgemacht hat, wie essen gehen, Freunde treffen oder spontane Kurzurlaube, hat jetzt Pause. Im Mittelpunkt steht die Liebe zum und die gemeinsame Verantwortung für das Baby.

Während ein Elternteil – häufig die Mutter – verstärkt für das Baby, Kleinkind oder Kind da ist, kümmert sich der andere Part – häufig der Vater – um die finanzielle Sicherheit der Familie. Sein Leben findet weniger im Kreis der Familie statt, sondern in Bürotürmen, in Konferenzen oder auf Baustellen, also jenseits der Familie.

Vor dem Kind war der Job Bestandteil von Gesprächen zwischen Ihnen: Man hat sich gegenseitig unterstützt, zugehört und beraten. Die Karriere beflügelt und kostet Kraft. Die Partnerschaft war die Tankstelle für das gemeinsame Auftanken, aber plötzlich ist die Zapfsäule besetzt. Ihr Kind bekommt die lebensnotwendige Liebe und Aufmerksamkeit, Ihr Partner steht hinten an.

Eine Folge ist, dass jeder sich in seine Welt zurückzieht. Sie geht ganz im Muttersein auf; er sieht seine Berufung in der Karriere, damit die Familie finanziell gesichert wird. Aus Paarspielern werden Einzelkämpfer mit wachsendem Unverständnis für die jeweiligen Lebenswelten des anderen.

Anzeichen der Krise

Sprachlosigkeit und Vorwürfe sind die ersten Anzeichen einer Krise. Er erzählt nicht mehr vom Job; sie erwartet mehr Anteilnahme an ihrem Alltagsleben mit dem Kind. Denn dieses Leben besteht nicht nur aus glücklichen Momenten, sondern auch aus viel Frustration, durchwachten Nächten, Krankheiten und Zweifeln, weil anderen Mütter alles zu gelingen scheint. Das alles rüttelt am Nervengerüst.

Da muss nur noch die Frage kommen „Was hast du eigentlich den ganzen Tag gemacht?", und das Fass ist zum Überlaufen gebracht. Entweder explodiert der betreffende Elternteil und es gibt offenen Beziehungsstress, oder er implodiert, das heißt, er oder sie schluckt den Ärger hinunter und zieht sich zurück.

In beiden Fällen ist der arbeitende Partner genervt. Aus seiner Sicht kommt er nach Hause und ist erschöpft vom Job. Jetzt wäre es schön, freudestrahlend begrüßt zu werden; am besten ist auch schon eingekauft und das Abendessen steht auf dem Tisch. Stattdessen ist die Küche nicht aufgeräumt, das Kind schreit, und die Mutter – wahlweise der Vater – sieht aus, als ob sie (oder er) dringend eine Pause bräuchte. Da fühlt man sich nicht willkommen.

Falls Sie jetzt denken, das ist nun wirklich zu banal, muss ich Ihnen sagen: Leider nein. Diesen Zusammenstoß von zwei Lebenswelten erlebe ich immer wieder in meinen Beratungsgesprächen. Natürlich in den individuellsten Varianten, das obige Szenario ist nur eines von vielen. Doch allen liegt eine Struktur zugrunde: „Sie oder er sieht und versteht mich nicht mehr!"

Ursachen der Krise

Wieso sind wir in der Beziehung? Weil unser Partner uns das Gefühl gibt, wertvoll zu sein. Und wir wollen uns wertvoll fühlen. Das ist eine der Triebfedern in jeder menschlichen Beziehung – egal ob als Liebespaar oder im Kreis unserer Kollegen. Wir suchen und wünschen uns Anerkennung, Liebe und Wertschätzung, die einen mehr als die anderen. Das hängt davon ab, wie viel wir selbst als Kind von unseren Eltern bekommen haben.

Mit dem Kind gibt es jetzt Konkurrenz um die Wertschätzung. Der Mann und Vater rutscht bei seiner Frau auf den zweiten Platz ab. Das ist normal und verkraftbar, wenn er denn wieder eine Chance bekommt, auf Platz eins zurückzukehren. Im besten Falle nach 24 Monaten, also dann, wenn das Baby zum Kleinkind wird und nicht mehr hundertprozentig von seiner Bindungsperson – meist der Mutter – abhängig ist.

Die Frau und Mutter bekommt unmittelbar die unbedingte Liebe des Kindes zu spüren: durch die Geburt, beim Stillen, durch den Körperkontakt und durch den Mutterinstinkt. Hier ist jetzt jemand ganz anderes wichtig. Und das Baby braucht sie: „Ich bin wertvoll für das Kind, und das Kind ist wertvoll für mich" – eine perfekte Beziehung.

Gefahren für Frau und Mann

Fühlt sich die Frau nicht gesehen in ihrem täglichen Einsatz für das Kind, den Haushalt und den eventuellen zusätzlichen Teilzeit- oder Vollzeitjob, dann ist eine oft gewählte Variante, sich die Wertschätzung und Zuneigung von dem Kind zu holen. Das Kind als Ersatzpartner ist für niemanden eine gute Lösung – dazu gibt es später noch einen eigenen Abschnitt im Buch.

Bekommt der Mann keine Wertschätzung und keine Zuneigung mehr von seiner Frau, wird er sich diesen fehlenden Part woanders suchen. Wertschätzung verknüpfen viele Männer mit beruflichem Erfolg und Anerkennung vom Chef, von den Kollegen und Kunden. Logisch, dass er in diese Welt eintauchen wird. Wenn zusätzlich eine sympathische und kinderlose Kollegin ihm signalisiert, dass er als Mann attraktiv ist, besteht die Gefahr, sich Zuneigung übergangsweise auch noch woanders zu suchen.

Diese Entwicklungen sind nicht zwangsläufig. Sie können eintreten, müssen aber nicht. Wieso passieren sie? Wenn man den Übergang verpasst, wo es Sinn ergibt und beziehungsnotwendig wird, wieder mehr Paar zu sein. Eine absehbare Durststrecke ist für jede Frau-Mann-Beziehung auszuhalten. Das war eventuell vor den Kindern schon der Fall, zum Beispiel bei beruflich bedingten Fernbeziehungen.

Doch genauso wie endlose Fernbeziehungen in die Brüche gehen, da sie oder er vor Ort jemand Neues kennengelernt hat, besteht diese Gefahr auch für Paare, die aus der Mutter- oder Ernährerrolle nicht mehr herauskommen. Familien- und Jobleben sollten nicht getrennt werden. Nehmen Sie Anteil an den Lebenswelten des Partners und integrieren Sie Ihren Partner in Ihre Lebenswelt.

DIE SCHLEICHENDE ENTFREMDUNG VERHINDERN

- Machen Sie sich bewusst: Die ersten 24 Monate braucht Ihr Kind Sie. Sie sind gemeinsam Eltern. Die Frau-Mann-Beziehung macht eine Durststrecke durch. Das ist normal.
- Spätestens nach 24 Monaten sollten Sie wieder verstärkt in die Paarbeziehung investieren. Nehmen Sie Anteil an den Lebenswelten Ihres Partners. Was beschäftigt Sie im Job und was bezogen auf die Familie?
- Richten Sie einmal pro Woche feste Zeiten ein, wo Sie nur mit Ihrem Partner alleine sind und sich in Ruhe unterhalten können. Es geht darum, dass Sie sich wieder hundertprozentige Aufmerksamkeit schenken. Das ist Ihre Tankstelle für alle Herausforderungen in der Familie und im Job.

Die Sei-perfekt-Falle

Keiner putzt einmal die Woche so gut wie ich, trotz Job und Kindern.

Mutter mit 25-Stunden-Woche im Job

Haus im Grünen, Badesee um die Ecke, gute Schule.
Ich will meinen Kindern ein perfektes Umfeld bieten.

Vater mit 60-Stunden-Woche im Job

Die Werbung in Kino, TV und Zeitschriften gibt das Familienbild vor. Gesunde, lachende Eltern im Familienkombi mit zwei Kindern (Junge und Mädchen) sowie Hund auf dem Weg zum Wochenendausflug oder Grillabend im großen gepflegten Garten. Alles perfekt!

Wieso ist das nur bei mir nicht so? Ich muss mich eben noch ein bisschen mehr anstrengen, mehr Disziplin zeigen, nur nicht schwach sein. Es liegt an mir, dass ich noch nicht perfekt bin. Also muss ich mich verbessern und optimieren. Dann wird alles gut. Ich schaffe das, auch wenn ich merke, dass es mich Energie kostet. Ich schaffe das!

Kennen Sie diese Gedanken? In meinen Vorträgen höre ich immer wieder neue Versionen aus dem Publikum. Der Leistungsgedanke aus der Wirtschaft hat das Familienleben gekapert. Effizientes und perfektes Zeitmanagement garantieren die Vereinbarkeit von Beruf und Familie – geht doch, oder? Nein, es geht nicht! Aus drei Gründen:

- Die Liebe – gerade die Liebe zum Partner und den Kindern – ist nicht planbar. Sie ist da, kommt, geht, versteckt sich, entweicht, erneuert sich. Liebe lässt sich nicht managen. Liebe lässt sich nur fühlen. Liebe muss gepflegt werden, sonst geht sie ein.
- Partner sind keine Teammitglieder wie im Job, sondern eine Herzensangelegenheit. Effizienz und Leistung im Herzen – wie soll das gehen?
- Kinder sind keine Möbelstücke, die von einer Betreuung zur nächsten geschoben werden können. Kinder haben eine Seele.

Der ständige Begleiter: das schlechte Gewissen

Wer nicht perfekt ist, ist irgendwie falsch. Das kennen wir bezogen auf unsere Mutter- und Vaterrolle, auf unseren Körper, unsere Sexualität und unsere berufliche Laufbahn. Das ist der Nährboden für unser schlechtes Gewissen, den ständigen Begleiter von Eltern, insbesondere berufstätigen Eltern. Schlechtes Gewissen gegenüber den Kindern, nicht genug Zeit zu haben, gegenüber unserem inneren Bild von einem perfekten Familienleben, gegenüber unserer Karriere, die irgendwie ins Stottern geraten ist.

Komischerweise erwähnt kaum jemand in meinen Paargesprächen, dass er oder sie ein schlechtes Gewissen gegenüber seinem Partner hat. Die Partnerschaft wird als gesetzt angesehen. Sie soll alles tragen; da wird schon nichts passieren. Umso größer das Erstaunen und Entsetzen, wenn sich plötzlich hier ein wachsender Spalt auftut, der nicht so einfach wieder zu kitten ist. Ein Beispiel dafür finden Sie im Kasten.

DIE FAST PERFEKTE KARRIERE-MUTTER

Nach einem meiner Vorträge, „Partnerschaft leben mit Kind und Karriere", erzählte eine Frau, sie habe kein Problem, alles perfekt unter einem Hut zu bringen. Ihre Arbeit erfülle sie sehr; sie sei viel auf Reisen, so dass sie auch gut einmal im Hotel ausschlafen könne oder abends mit Kollegen etwas erlebe. Wenn sie zu Hause sei, dann sei sie zu hundert Prozent für die beiden Kinder da. Alles sei gut.

Was sie nicht sah: Ihrem Mann fiel sprichwörtlich das Kinn herunter. Er schaute sie ganz entgeistert an und sagte nur vier Worte: „Was ist mit mir?" Im Gesicht der Frau entstand ein sichtbares Fragezeichen: „Was soll die Frage?"

Ich hätte gern gewusst, ob und wie die beiden es geschafft haben, ein Paar zu bleiben. Ich drücke die Daumen, denn sie machten einen guten Eindruck – von außen gesehen. Fast perfekt ...

Wie werde ich das Sei-perfekt los?

„Bitte, wie kann ich den Gedanken loswerden, perfekt sein zu müssen?" Diese Frage ist ein Klassiker in der Paarberatung. Die Antwort hat eine gute und eine herausfordernde Seite.

Die gute Nachricht ist, es gibt einen Ausweg: die Erlaubnis. Die herausfordernde Nachricht ist: Sie müssen sich die Erlaubnis selber geben. Konkret bedeutet das:

- Ich erlaube mir, dass die Küche nicht aufgeräumt ist.
- Ich erlaube mir, dass der Wäschekorb überquillt.
- Ich erlaube mir, dass mein Kind noch nicht läuft.
- Ich erlaube mir, dass mein Kind nicht auf das Gymnasium geht.
- Ich erlaube mir, nicht befördert zu werden.
- Ich erlaube mir, keine Überstunden zu machen.
- Ich erlaube mir, zu müde für Sex zu sein.
- Ich erlaube mir, meinen Bauch zu lieben.

Es gibt eine unendliche Anzahl an inneren Erlaubnissen, die wir uns geben können. Der Sei-Perfekt-Antreiber verschwindet jedoch nicht auf Knopfdruck, sondern er wehrt sich. Mit Gegenargumenten, innerer Abwertung und schlechten Gefühlen. Wichtig ist, dass dies normal ist. Bleiben Sie dran an Ihrer inneren Erlaubnis. Trainieren Sie täglich eine Erlaubnis gegen Ihre Vorstellung von Perfektionismus. Ganz einfach, indem Sie zu sich leise oder laut sagen: „Ich erlaube mir, dass ...".

Perfektionismus hilft niemandem

Ihnen selbst hilft der Perfektionismus nicht. Er mag Sie zwar zu Höchstleistungen antreiben. Gleichzeitig wird er sie erschöpfen und ermüden. Ihr Akku leert sich. Ihre Stimmung schwankt, wenn es anders läuft als perfekt. Aber das Leben ist nie perfekt, es ist einfach da – mehr nicht.

Ihre Partnerschaft ist bedroht vom Perfektheitswahn. Was am Anfang der Beziehung noch als Running Gag funktionierte à la „Mach dich mal locker", wird mit der Zeit eine Zündschnur für gegenseitiges Genervtsein. Spätestens wenn Ihr Partner wiederholt die Augen verdreht, haben Sie ein Anzeichen dafür, dass es ihm oder ihr reicht. Sie sollten handeln. Erlauben Sie sich endlich, nicht perfekt zu sein.

Perfekte Eltern sind eine echte Bedrohung für ihre Kinder. Es gibt keine perfekten Eltern – nirgends. Kinder lernen aus dem, was die Eltern ihnen vorleben. Daraus entwickeln sie ihr Selbstwertgefühl und ihre Glaubenssätze. Wenn Eltern perfekt sein wollen, dann bekommt auch das Kind leicht das Gefühl, perfekt sein zu müssen. Aber wie soll sich ein Kind selbst lieben lernen, wenn es das Gefühl hat, nicht perfekt zu sein? Das ist nicht gut für das Selbstwertgefühl eines Kindes. Der dänische Familientherapeut Jesper Juul bringt es auf den Punkt: Gute Eltern machen mindestens 25 Fehler am Tag!

AUSWEGE AUS DER SEI-PERFEKT-FALLE

- Erkennen Sie an, dass Sie Perfektheitsgedanken haben. Nur was Sie anerkennen, können Sie ändern.
- Sie können sich auf die Spurensuche machen, wo diese Gedanken ihren Ursprung haben. Das kann hilfreich sein bei der Ablösung. Suchtipp: Was haben Ihre Eltern zu Ihnen gesagt oder von Ihnen erwartet?
- Geben Sie sich eine innere Erlaubnis: „Ich erlaube mir, dass ..." lautet ein Lösungssatz.
- Erlauben Sie sich, nicht perfekt sein zu wollen bei Ihrem Bemühen, der Perfektsheitsfalle zu entkommen. Trainieren Sie täglich ein- bis zweimal die Loslösung. Übung macht den Meister!
- Dokumentieren Sie in einem Tagebuch oder auf dem Familienkalender in der Küche Ihre Fort- und Rückschritte.
- Vergessen Sie nicht: Liebe erlaubt, was ist; Liebe fordert nichts, Liebe ist einfach. Sie, Ihr Partner und Ihre Kinder brauchen Liebe – einfach und unperfekt. Also erlauben Sie sich zu lieben, was ist.

Immer dieser Streit ums Geld

Ich bin für die Kids da und hänge finanziell von ihm ab.
Ich habe das Gefühl, das ist ihm gar nicht so unrecht.

Mutter in Elternzeit

Ich bin der Zahlmeister der Familie.
Da will ich auch wissen, wo das Geld hingeht.

Vater mit 50-Wochenstunden-Job

Der Volksmund spricht es aus: „Beim Geld hört die Freundschaft auf." Wieso eigentlich? Nun, es entstehen Abhängigkeiten und Verpflichtungen. „Wer zahlt, sagt an" ist so eine weitere Volksweisheit. Früher waren Frauen von ihren Männern finanziell abhängig. Die Ehe hatte damit auch immer die Aufgabe der Existenzsicherung.

Heute sieht die Welt anders aus. Frauen sind nicht mehr zwangsläufig abhängig von ihrem Mann, zumindest solange beide berufstätig sind. Mit der Gründung einer Familie ändert sich das schlagartig. Die meisten Paare wählen keine gleichberechtigte Aufteilung von Karriere und Kinderbetreuung, und ehrlich gesagt ist das auch schwer, denn die Arbeitswelt ist dafür nicht vorbereitet. Ob sie es jemals sein wird, steht in den Sternen, aber Spekulationen über zukünftige Modelle helfen hier nicht weiter.

Sie beide leben *jetzt* Ihre Partnerschaft, Sie müssen *jetzt* Geld verdienen und Kinder unter einen Hut bringen. Wenn Sie das traditionelle Familienmodell leben, wie die meisten Elternpaare in Deutschland, bedeutet das: Einer – meist der Mann – arbeitet Vollzeit, der andere – meist die Frau – übernimmt die Betreuung und verdient eventuell in Teilzeit dazu.

Wie Rollenbilder die Sicht aufs Geld bestimmen

Wer verdient mehr? Wer bezahlt das Candlelight-Dinner? Wer kauft die Markenklamotten für die Kinder? Mit dem Geld sind Rollenbilder verbunden, die immer noch wirken. Erfolgreiche Karrierefrauen sind sehr oft mit noch erfolgreicheren Karrieremännern zusammen. Frauen suchen sich kaum einen Partner, der weniger verdient als sie. Es scheint sehr tief in uns verankert zu sein, dass der Mann hauptsächlich für das Geldwohl verantwortlich ist.

Vielleicht liegt es an der Evolution? Früher brachte er die Nahrung von den Jagdzügen mit; heute hat der Gang ins Büro das Jagen ersetzt: Der Gehaltsscheck ist die moderne Voraussetzung für die Nahrungsbeschaffung.

Zusätzlich ist Geld die Währung, mit der unsere Gesellschaft Leistungen anerkennt. Man(n) fühlt sich wertvoll. Geld als Belohnung wird schon bei Kindern eingesetzt. „Wenn du dies tust, dann bekommst du von mir das" lautet die Formel. Eine unabhängige, bedingungslose Wertschätzung aber hört sich anders an: „Du bist für mich wertvoll – ohne Wenn und Aber."

Wenn Geld zum Machtmittel wird

In der Liebe spielt Geld durchaus eine Rolle, auch wenn uns das zunächst nicht bewusst ist. In der Verliebtheitsphase kaufen Männer gern Geschenke, laden zum Essen ein und so weiter. Sie haben ja auch ein Ziel. Wenn man dann ein Paar ist, ändert sich das – das Ziel ist ja erreicht. Doch natürlich gibt es hier weiter gegenseitige Essenseinladungen oder kleine Aufmerksamkeiten. Es ist eine Art, Liebe und Wertschätzung auszudrücken: Du bist es mir wert!

Im Familienleben bekommt das Geld eine weitere Bedeutung. Es wird existenziell – spätestens, wenn ein Partner der Kinder wegen auf sein Gehalt verzichtet. Dadurch entsteht eine Abhängigkeit. Und niemand ist gern abhängig von jemand anderem. Deshalb ist es eine große Verantwortung für den geldverdienenden Partner, diese Macht nicht zu missbrauchen.

„DEIN GRINSEN MACHT MICH RASEND"

Eine Frau stellte in der Paarberatung die Forderung nach getrennten Konten. Sie wollte endlich wieder über ihr Geld allein verfügen. Und sie wollte, dass er ihre Familienleistung durch ein monatliches Familiengehalt anerkennt.

Ihr Mann war irritiert. „Du bekommst doch jeden Euro, den du willst", sagte er. „Das stimmt", war die Antwort. „Nur dein wohlwollendes Grinsen macht mich rasend. Ich bin keine Bittstellerin. Ich bin deine Frau und die Mutter deiner Kinder. Ich halte dir zu Hause den Rücken frei. Ich habe meine Karriere dafür aufgegeben. Ich will, dass du das würdigst und siehst. Ich will nicht abhängig sein von dir. Ich will klare Verhältnisse und finanzielle Freiheiten. Klar, nicht mein altes Gehalt. Aber eine monatliche Summe, die es mir ermöglicht, ohne dich zu fragen, einfach einmal was zu kaufen. Für mich, einfach so!"

Der Mann stammelte: „Aber ich liebe dich doch. Ich freue mich, wenn du mich fragst, deshalb grinse ich. Es gibt mir das Gefühl, noch wertvoll für dich zu sein. Ansonsten sehen wir uns ja kaum."

Die Fakten und Missverständnisse waren auf dem Tisch. In der Beratung schafften es die beiden, sich Anerkennung, Liebe und Wettschätzung ohne Geld zu geben. Die Idee der getrennten Konten und des Familiengehalts griff der Mann nach Zögern auf. Es dauerte, bis er darauf vertrauen konnte, seine Frau damit wiederzugewinnen und nicht weiter zu verlieren.

Wer Geld dazu nutzt, sich die Gefügigkeit seines Partners zu erkaufen, baut auf Sand. Spätestens wenn es dem Partner gelingt, sich von dieser Abhängigkeit zu befreien, wird es brüchig in der Beziehung. Der Prozess ist schleichend und nicht offensichtlich. Wenn es zum Streit ums Geld kommt, dann liegt es sehr oft daran, dass hier eine Bühne gefunden wurde für tiefer liegende Probleme eines Paares.

Die Entfremdung, das Gefühl der Missachtung, das Nicht-Gesehen-Werden hat früher begonnen. Das Geld ist eine Waffe, die als Druckmittel eingesetzt wird. Der Partner ohne Geld akzeptiert es und bezieht Almosen oder Schmerzensgeld. Oder er akzeptiert es nicht und macht sich auf den Weg zur Unabhängigkeit. Was bleibt, ist der Riss in der Beziehung und im Vertrauen zueinander.

SCHAFFEN SIE KLARHEIT UMS GELD

- Seien Sie ehrlich und offen: Wie viel Geld verdienen Sie? Welche Kosten haben Sie – als Familie und persönlich? Was bedeutet Geld für Sie?
- Führen Sie ein gemeinsames Familienkonto. Da können zum Beispiel alle Gehälter rauf- und alle Kosten abgehen. Zahlen Sie sich beide vom Familienkonto eine monatliche Summe auf Ihr persönliches Konto. Dieses Geld steht nur Ihnen zur Verfügung. Genießen Sie es.
- Alternativ machen Sie es andersherum: Zahlen Sie monatlich eine Summe von Ihren Konten auf ein gemeinsames Familienkonto. Hier gehen alle Kosten der Familie ab. Das restliche Geld steht Ihnen auf Ihren Konten zur Verfügung.
- Alles Quatsch? Ein Paar, eine Familie, ein Konto? Wenn es klappt – Glückwunsch! Meine Beratungserfahrung zeigt jedoch: Wenn es nicht klappt, hat plötzlich ein Partner ein Schwarzkonto oder eine Kreditkarte, die vorher niemand kannte. Transparenz und Vertrauen sind erschüttert.

Das schlechte Gewissen macht mich ungenießbar

Ich will es allen recht machen, aber es kommt immer einer zu kurz. Dann fühle ich mich einfach schlecht – nicht gerade sexy, dieses Gefühl. Mutter mit Teilzeitjob und zwei Kindern

Ich habe schon ein schlechtes Gewissen, wenn ich sehe, was meine Frau alles stemmt in der Familie. Nur: Bei meinem Vollzeitjob komme ich einfach nicht früher aus dem Büro, keine Chance! Vater und Ehemann

Das schlechte Gewissen lauert gerade bei berufstätigen Eltern an jeder Ecke: Entweder ist man die Rabenmutter oder der Low Performer im Job. Irgendwer hat immer etwas zu meckern. Wenn Sie dafür empfänglich sind, dann kann das schlechte Gewissen blühen.

Dabei kann es Ihnen schnurzpiepegal sein, was andere Mütter oder die Kollegen sagen. Worauf es als Paar wirklich ankommt, ist, wie Ihr Partner darüber denkt und fühlt.

Wieso? Weil Ihr Partner Ihre Kraftquelle ist. Wenn Sie Ihren Partner lieben und er Sie, dann haben Sie eine wunderbare Basis, sich den Anforderungen der Job- und Familienwelt zu stellen. In den Armen des anderen lassen Sie sich fallen und tanken auf, im beiderseitigen Wechsel und in tiefer Zuneigung. Schöne Fantasie und kilometerweit von Ihrer Paar-Realität entfernt? Höchstwahrscheinlich lautet die Antwort: Ja. Doch es liegt an Ihnen, ob Sie die Entfernung vergrößern oder verringern wollen.

Nahrung für das schlechte Gewissen

Ich unterscheide in meinen Vorträgen gern zwei Arten des schlechten Gewissens: Es gibt die konkrete und diffuse Variante.

Das konkrete schlechte Gewissen ist ein leicht handbares Phänomen. Es besteht aus einer einfachen Logik: Ursache erzeugt Wirkung.

DAS KONKRETE SCHLECHTE GEWISSEN

- **Beispiel:** Sie holen Ihr Kind zu spät vom Kindergarten ab. Es steht bereits angezogen und als letztes Kind mit einer genervten Erzieherin vor der Eingangstür des Kindergartens. Im Auto weint Ihr Kind; der Frust über die verspätete Mami muss raus.
- **Gefühlslage:** Das fühlt sich nicht gut an. Im Kopf entstehen Gedanken wie „Oh Mann, was bin ich für eine schlechte Mutter!" oder „Wieso bin ich immer die Letzte beim Abholen? Ich bin wohl zu langsam." Eine Mischung aus Trauer und Wut kommt hoch.

- **Lösungsweg:** Sie wissen genau, wieso sie zu spät waren. Egal ob Sie nicht rechtzeitig aus dem Büro kamen oder es der alltägliche Stau war: Es liegt in Ihrer Hand, die Sache in Zukunft konkret zu ändern: Nein sagen zum Chef und früher Losfahren sind hier die einfache Lösung.

Die Nahrung für das diffuse schlechte Gewissen lässt sich leider nicht so einfach verorten. Die einfache Logik, Ursache erzeugt Wirkung, greift hier nicht. Es wabert diffus in Ihnen herum, jederzeit bereit, aufzutauchen und wieder zu verschwinden. Und es hat mehr Wirkung. Es gibt Ihnen das Gefühl, grundsätzlich nicht richtig zu sein. Sie können nicht einfach einen Haken dranmachen und sagen, ab morgen ändere ich das. Es kommt wieder, denn es gehört zu Ihnen und verweist auf ein ungelöstes tieferes Problem.

DAS DIFFUSE SCHLECHTE GEWISSEN

- **Beispiel:** „Wieso hast du eigentlich Kinder, wenn du nur am Arbeiten bist? Du verpasst doch so viel. Und die armen Kinder, die haben keine echte Mutter." Solche Aussagen bleiben hängen und wirken.
- **Gefühlslage:** Ihr Kopf weiß, dass es Ihrem Kind gut geht; Ihr Herz fühlt es. Und doch scheinen Sie dieser Vorstellung von sich nicht zu entsprechen. Daher entsteht ein leiser Zweifel, ein ungutes Gefühl, es doch nicht richtig zu machen – die Vorboten des diffusen schlechten Gewissens.
- **Lösungsweg:** Allen Eltern – egal ob Mutter oder Vater – die mit einem diffusen schlechtem Gewissen in die Beratung kommen, gebe ich eine Hausaufgabe mit: Was für eine Mutter/Was für ein Vater willst du sein? Auf diese Frage bedarf es einer durchdachten und durchfühlten Antwort. Denn aus dieser bisher nicht ganz ehrlich beantworteten Frage bekommt das diffuse schlechte Gewissen seine Nahrung.

Verantwortung heißt das Lösungswort

Das schlechte Gewissen hat nur ein Ziel: Es erinnert Sie an Ihre Verantwortung. Was das schlechte Gewissen sofort stoppt, ist die Übernahme dieser Verantwortung.

Beim konkreten schlechten Gewissen kennen Sie die Ursache. Sie können es beim nächsten Mal ändern. Übernehmen Sie die Verantwortung für Ihr Handeln. Dann brauchen Sie sich nicht den Kopf zu zerbrechen und herumzudiskutieren. Da, wo Sie verantwortlich sind, sollten Sie zu dieser Verantwortung stehen. Das heißt konkret: Es tut mir leid, was ich gemacht habe. Ich kenne den Grund und werde zukünftig anders vorgehen.

Beim diffusen schlechten Gewissen kennen Sie ebenfalls Ihre Verantwortung. Sie haben immer noch blinde Flecken in Ihrem Innenleben bezüglich des Lebensentwurfs, den Sie gewählt haben. Also bringen Sie Licht ins Dunkel: Leuchten Sie Ihre Glaubenssätze, inneren Vorbilder und Antreiber aus. Setzen Sie sich mit Ihnen auseinander. Damit übernehmen Sie Verantwortung für Ihren Lebensweg und rauben gleichzeitig dem schlechten Gewissen seine Energiequelle.

Ihr Partner wird es Ihnen danken. Denn Sie werden damit auch Verantwortung in der Gestaltung Ihres Paarlebens übernehmen. Keiner sollte warten, dass der andere den ersten Schritt macht. Im Idealfall gehen Sie beide gleichzeitig aufeinander zu und teilen mit, was Sie zukünftig anders machen wollen, damit die Beziehung wieder blüht.

SCHLUSS MIT DEM SCHLECHTEN GEWISSEN

- Das schlechte Gewissen hilft niemandem. Also braucht es auch keiner.
- Finden Sie heraus, um welche Variante es sich bei Ihrem schlechten Gewissen handelt: Ist es konkret oder diffus?

- Übernehmen Sie Verantwortung für Ihr Denken, Fühlen und Handeln. Damit entziehen Sie sofort dem schlechten Gewissen die Nahrung. Hilfreiche Sätze sind: „Es tut mir leid, dass ich XY getan habe" oder „Ich habe gemerkt, dass ich mit mir und meiner Elternrolle nicht im Reinen bin. Ich werde das jetzt aktiv für mich klären. Eventuell suche ich mir dafür eine Beratung."

Wir sind nur noch ein gutes Team

*Wir sind als Eltern super. Tolle Abstimmung untereinander,
er unterstützt mich echt gut. Ich weiß gar nicht, was er hat?
Dass Liebe und Sex da pausieren, ist doch normal, oder?*

Frau und Mutter

*Ich will nicht nur ein gutes Team sein. Ich will wieder Leidenschaft, Erotik,
Sex – einfach wilde Sachen machen wie früher. Ich merke, dass ich dabei
bin, mich in eine junge Kollegin zu vergucken – da knistert es endlich
mal wieder. Ich spüre mich da wieder als Mann und nicht nur als Vater.*

Mann und Vater

Teamwork als Eltern, Teamwork im Haushalt, Teamwork im Bett – ist das die perfekte Symbiose zweier Liebender? Ein Team besteht stets aus Einzelmitgliedern. Wenn das Ich ganz im Wir aufgeht, droht es sich zu verlieren. Eigene Bedürfnisse und Wünsche stehen hinten an, wenn das Team den Weg bestimmt. Zu Zeiten einer Fußballweltmeisterschaft ergibt das Sinn. Der Mannschaftsgedanke ist ein Erfolgsfaktor, Teams mit nur für sich spielenden Einzelstars tun sich eher schwer. Doch so eine Weltmeisterschaft ist irgendwann auch zu Ende, und jedes Teammitglied fährt danach allein in den Urlaub.

Die ersten zwei Jahre mit Kind sind Ihre Familienmeisterschaft. Da erleichtert das Teamgefüge den Alltag sowie die vielen neuen

Herausforderungen mit Baby und Kleinkind. Symbiosen auf Zeit können sehr hilfreich sein, Symbiosen ohne Ende führen dagegen häufig in den Beziehungsabgrund.

Wieso der Teamgedanke die Liebe gefährden kann

Paare sind stets ein Team. Der Teamgedanke ist Nährboden für den Alltag. Wenn darauf allerdings nur noch eine Pflanze wächst – die Familienpflanze –, dann gehen dem Boden in absehbarer Zeit die Nährstoffe aus. Wo kann da die Paarliebe blühen, wenn alles auf Familie getrimmt ist?

Beziehungen sind wie Pflanzen. Sie müssen gepflegt, gegossen, gedüngt und manchmal auch beschnitten werden. Dann können sie in Liebe blühen. Vernachlässigung und Wildwuchs führen dazu, dass zarte Pflanzen eingehen und die starken alles überwuchern. Pflegen Sie also den Garten Ihrer Liebe gemeinsam.

„ICH BRAUCHE ENDLICH WIEDER LUFT ZUM ATMEN"

Ein Mann der das Thema am Anfang nicht gemeinsam mit seiner Frau anschauen wollte, bat bei mir um eine Einzelberatung. Endlich sollte es mal wieder nur um ihn gehen.

Im telefonischen Vorgespräch ließ er bereits seinem Frust und seinen Sorgen freien Lauf. Für ihn hing seine Frau wie eine Klette an ihm. Sie seien zwar ein harmonisches Team und bekämen die zwei Kinder, den Job und die Großfamilie gut unter einen Hut, das sei dann aber auch schon sein ganzes derzeitiges Leben. Wenn er einmal mit seinen Kumpels einen Feierabendkick im Park machen wolle, gebe es Stress. „Ich brauche endlich wieder Luft zum Atmen." Das war sein Fazit.

Er ließ sich von mir überzeugen, dass es Sinn ergibt, mit seiner Frau – also als Team – in einer Paarberatung nach Wegen zu suchen, die nicht nur ihm, sondern allen beiden mehr Freiheiten ermöglichten.

Zurück zum Familienalltag. Ein gutes Team ergibt Sinn bei diesen Themen:

- Kinderversorgung
- Erziehung
- Haushalt
- Krankheiten und Pflege
- Vereinbarkeit von Beruf und Familie

Wenn Sie hier die Verantwortlichkeiten geklärt haben, sich aufeinander verlassen können und gemeinsame Routinen entwickeln, dann erleichtert dies ungemein den Familienalltag. Und es schafft Freiraum für ein teamloses Paarleben. Nutzen Sie diesen Freiraum, bevor der Alltag Sie auffrisst.

Als Paar ab und zu bewusst kein Team sein

Wenn ich in Beratungen Paaren empfehle, sich vom Teamgedanken einmal zu verabschieden, dann fällt es vielen spontan schwer, sich mit diesem Gedanken anzufreunden. Und doch ist es so essenziell, einmal frische Luft ohne den Partner zu atmen. Seltsamerweise tun sich Frauen meiner Erfahrung nach damit schwerer als Männer.

Damit eine Partnerschaft wachsen kann, müssen Frau und Mann persönlich wachsen. Für persönliches Wachstum brauchen Sie Zeit mit sich alleine. Nur so können Sie nach innen gehen, reflektieren und neue Wege entdecken. Hilfreich sind hierbei Impulse von außen. Die können zum Beispiel von alten Freunden kommen, die man seit der Geburt des Kindes nicht mehr alleine getroffen hat. Da man ja eine Familie ist, hat man ja alles gemeinsam gemacht. Sie glauben gar nicht, wie toll es für Sie und einen Freund oder eine Freundin sein kann, mal ein partnerloses Wochenende zu verbringen.

Nach so einer Frischzellenkur als Frau und Mann werden Sie sich als Paar neu begegnen. Plötzlich wird Ihr Gegenüber wieder geheimnisvoll und interessant. Er hat ja etwas jenseits von der Familie und Ihnen erlebt. Wie ging es ihr oder ihm damit? Was wird sie oder er erzählen? Spüren Sie schon ein neugieriges Interesse?

DIE BALANCE VON TEAM- UND FREIRÄUMEN

- Seien Sie ein Team, wenn es um den Alltag geht. Das erleichtert ungemein die Familienabläufe, spart Energie und schafft Freiräume.
- Nutzen Sie die Freiräume – zu zweit als Frau und Mann oder jeder für sich einzeln.
- Denken Sie daran, ein Team ist immer so gut wie seine Einzelmitglieder. Ermöglichen Sie daher jedem Mitglied persönliches und unabhängiges Wachstum.
- Alles ist im Fluss – auch die Teamkonstellation. Wenn Sie persönlich wachsen, dann werden Sie sich im Team auch immer wieder frisch begegnen und neue Seiten bei Ihrem Partner entdecken. Der Garten Ihrer Liebe bekommt neue Blüten!

Wenn Partner sich unterschiedlich entwickeln

Ich mache viel Yoga, bin Vegetarierin geworden. Das Leben besteht aus so viel mehr als aus Geld, Konsum und Karriere. Das Leben meines Mannes wird mir immer fremder. Frau und Mutter

Früher haben wir beruflich an einem Strang gezogen und uns ausgetauscht. Das war schön – ich vermisse das.
Unternehmer, dessen Frau aus dem Unternehmen ausgestiegen ist

„Bleib so, wie du bist" oder „Mann, du hast dich überhaupt nicht verändert" sind typische Wünsche und Aussagen von Freunden oder Familienmitgliedern. Wenn man sich nicht täglich sieht, dann fallen Veränderungen deutlich mehr auf.

Das Leben besteht aus einer festen Konstante: der ewigen und immerwährenden Veränderung. Es wäre doch sehr schade, wenn Sie keine Entwicklungsschritte mehr machen; wenn mit 30 oder 40 das persönliche Limit erreicht wäre. Nur: Jede Veränderung birgt das Risiko, dass der Partner sagt: „Äh, so habe ich mir dich nicht vorgestellt."

Beziehung bedeutet Wachstum

Persönliches und partnerschaftliches Wachstum halten Beziehungen zusammen. Gemeinsame Visionen wie Familiengründung, Hausbau oder berufliche Selbstständigkeit helfen, schwierige Zeiten zu überwinden. Paare, die sich gegenseitig den Rücken freihalten und die individuelle Persönlichkeitsentwicklung fördern, befinden sich auf dem Highway des Lebens und stecken nicht in einer Sackgasse fest.

Doch was ist, wenn ein Partner beschließt, eine Ausfahrt zu nehmen, die vom gemeinsamen Weg wegführt? Sie gehen möglicherweise ein Risiko ein, wenn Sie sich den Freiraum zur Selbstentfaltung lassen, einen Raum, den Sie brauchen, um nicht zu ersticken – und der doch verbunden ist mit der Gefahr, allein zu sein.

Sie haben sich in einer bestimmten Lebenssituation verliebt; sie haben beschlossen, ein Paar zu werden und dann den Schritt zu einer Familie vollzogen. Jeder von ihnen beiden hat sich in den verschiedenen Phasen der Beziehung weiterentwickelt, neue Seiten an sich entdeckt und diese gelebt oder unterdrückt.

Wenn die Kinder aus dem Gröbsten heraus sind, lässt sich manchmal beobachten, dass sich Prioritäten und Lebensansichten verschoben haben. Die Welt und alles, was wichtig ist für das eigene Wohlergehen, wird neu betrachtet. Das ist der gesunde und lebensbejahende Einfluss von Kindern. Stand früher der eigene Erfolg und das Einkommen im Vordergrund, geht es jetzt womöglich eher um Nachhaltigkeit, um den Kindern einen gesunden Planeten zu vererben.

NEUBEGINN DURCH YOGA

In diesem Beispiel werde ich persönlich, denn es handelt sich um meinen eigenen Weg. Ich lernte meine Ex-Frau kurz nach dem Studium während eines Praktikums bei einer großen Verlagsgruppe kennen. Mein Fokus war ganz auf Karrieremachen ausgerichtet. Das passte sehr gut zu dem Fokus meiner Ex-Frau.

Wir verliebten uns, wurden ein Paar mit gemeinsamen Interessen wie Reisen und Segeln und heirateten schließlich. Kurz danach wurde unsere erste und zwei Jahre später unsere zweite Tochter geboren. Unsere Familienwerte stimmten überein; wir zogen an einem Strang – auch was die Karrieren anging, denn von Anfang an lebten wir double income – two kids.

Kurz nach der Hochzeit kam es für mich zu einem Schicksalsschlag, dessen gesamte Auswirkungen ich erst rückwirkend überblicke. Mein Vater starb mit Anfang 50 aus heiterem Himmel. Für mich ein Wendepunkt bezogen auf meine Karriere. Ich geriet ins Grübeln, ob „höher, schneller, weiter" wirklich das war, was ich wollte. Zum Ausgleich begann ich mit Yoga. Hier legte ich einen Samen für eine persönliche Entwicklung, dessen Ernte mein Leben veränderte.

Nach intensiven acht Jahren mit teilweise fast täglicher Yogapraxis habe ich mich verändert. Prioritäten und Werte haben sich verschoben. Mit Anfang 40 kam für uns beide als Paar der Knackpunkt: Wie wollen wir zukünftig leben? Die Antworten fielen für uns sehr unterschiedlich aus. Wir hatten keine gemeinsame Vision mehr für uns als Paar.

Nach einem schmerzlichen Prozess der Erkenntnis beschlossen wir, dass unsere Wege sich trennen sollten. Uns war von Anfang an klar, dass wir weiterhin Eltern unserer Töchter bleiben werden. Es trennten sich Frau und Mann; Mutter und Vater für die Kinder blieben erhalten – nur in einer neue Wohn- und Lebenskonstellation.

Nach ein paar Jahren persönlicher Neusortierung haben wir beide neue Partner gefunden, mit denen wir unsere Lebensvisionen teilen und neues Paarwachstum möglich ist.

Solange Sie Ihren Partner an Ihrer Entwicklung teilhaben lassen, ihn informieren und integrieren, besteht die große Chance, dass Sie beide davon profitieren und es Schwung in Ihre Beziehung bringt. Sobald sich ein Partner abgehängt fühlt oder die Entwicklung eher als eine *Fort-* und nicht als eine *Weiter*-Entwicklung empfindet, besteht die Gefahr der Entfremdung.

Den Kindern zuliebe ein Paar bleiben?

Das obige Beispiel beschreibt eine Zwickmühle. Auf der einen Seite funktioniert das Familienleben, während sich das Paarleben entfremdet. Die Eltern konnten sich aufeinander verlassen; den Kindern ging es gut. Auf der anderen Seite waren beide Partner unzufrieden. Immer stärker wurden die Unterschiede im Wertesystem und in den zukünftigen Visionen deutlich. Da sich keiner dem anderen einfach anpassen oder unterordnen wollte, stand die Trennung im Raum.

Egal welchen Weg Sie wählen, Aushalten oder Trennung, Sie werden etwas verlieren. Bleiben Sie bei der Familie, dann verzichten Sie auf Ihre persönliche Vision und Ihre Potenziale in der Selbstentfaltung. Wählen Sie die Trennung, dann verlieren Sie das Familienleben. Wie Sie sich auch entscheiden: Wenn Sie es schaffen, sich respektvoll und ohne persönliche Verletzungen zu trennen, haben Sie eine gute Chance, als Eltern-Paar weiterhin gut zu sein. Das Wichtigste für die Kinder ist, dass ihnen nicht Mutter oder Vater verloren gehen. Plus, dass diese nicht schlecht übereinander reden, also respektvoll zueinander sind.

Sie können jederzeit die Verantwortung für Ihr Paarleben abgeben, indem Sie die Partnerschaft beenden. Die Verantwortung für Ihre Kinder und damit auch für die Art und Weise einer Trennung liegt ganz bei Ihnen. Gehen Sie auf jeden Fall achtsam und bewusst damit um!

WENN DIE INNERE STIMME SAGT, ES PASST NICHT MEHR

- Hören Sie Ihrer inneren Stimme zu. Gehen Sie in einen inneren Dialog: „Was sind die Gründe für meine Unzufriedenheit?"
- Wenn Sie sich verändert haben und nicht mehr zu Ihrem Partner passen, dann sprechen Sie genau dies an. Wichtig: Präsentieren Sie keinen Fakt, der unveränderbar ist, sondern nutzen Sie das Gespräch, dem Partner eine Chance zu geben, darauf zu reagieren – nicht von heute auf morgen, sondern in einem angemessenen Zeitraum.
- Holen Sie sich Hilfe von einem Berater oder Coach. Manchmal übernimmt die innere Stimme nur eine Sichtweise und übersieht dadurch Lösungswege, die eine Partnerschaft retten und weiterentwickeln würden.
- Falls Sie mit einer Trennung liebäugeln, bedenken Sie, dass nach dem gefühlten Befreiungsschlag die Trauer über den Verlust der Familie und eventuell sogar des Partners kommen wird. Das gehört immer dazu. Seien Sie darauf vorbereitet.
- Überlegen Sie sich, welches Vorbild Sie für Ihre Kinder sein wollen: Jemand, der der Familie zuliebe auf seine Selbstentfaltung verzichtet, oder jemand, der seiner Selbstentfaltung zuliebe auf seine Familie verzichtet. Die Lösung ist nicht schwarz oder weiß, sondern liegt irgendwo dazwischen – also grau.

NUR NOCH DIE KINDER IM BLICK?

Mit der Geburt des ersten Kindes verändert sich die Liebesrangliste. Der Mann und Vater rutscht auf Platz zwei. Das macht ihm nichts aus – außer er bleibt dauerhaft Second-Best. Es ist für viele Paare eine Herausforderung, die Balance von Familien- und Paarliebe zu finden und neu zu justieren.

Ich liebe meinen Sohn über alles. Er hat absolute Prio in meinem Leben. Dann erst kommt der Vater.   28-jährige Mutter

Meine Frau sieht in mir nur noch den Vater unseres Sohnes. Ich bin aber auch noch etwas anderes!   Der 32-jährige Ehemann

Kinder sind von den Eltern abhängig. Daher ist es natürlich, dass die Bedürfnisse der Babys und Kleinkinder sehr weit oben stehen. Die Mutter-Kind-Beziehung ist alleine durch den Akt der Geburt eine besondere.

Väter bauen sich die Beziehung auf, indem sie sich von Anfang an mit um das Kind kümmern. Oder sie verbauen sich die Beziehung zu ihrem Kind – meistens durch Abwesenheit und Drücken vor Verantwortung.

Die drei Klassiker in der Paarberatung sind:
- nur noch das Kind steht im Mittelpunkt,
- Kinder werden zum Ersatzpartner gemacht, und
- ein Tabuthema: die stille Eifersucht des Mannes.

Die Kinder sind plötzlich das Wichtigste

Ich könnte im meinem Leben auf alles verzichten.
Aber niemals auf meine Kinder. Spruch auf Facebook – vielfach geteilt

Kinder brauchen die Mutter. Kinder brauchen den Vater. Kinder brauchen Bindung. Kinder brauchen Beziehung. Kinder brauchen Geborgenheit. Kinder brauchen Schutz. Kinder brauchen Eltern, die auf sich als Frau und Mann achten!

In den ersten zwei Jahren nach der Geburt wird das Leben sehr stark durch die Bedürfnisse des Kindes bestimmt. Wenn ein zweites und drittes Kind folgen, verlängert sich diese Phase. Das ist normal und gleichzeitig eine große Belastungsprobe für die Partnerschaft: Die Liebeshierarchie ist verändert. Für die Frau ist klar: Erst kommt das Kind, dann der Partner und an Stelle drei sie selbst – wobei Position zwei und drei auch vertauscht sein können. Das ist für den Mann und Vater ein Dilemma. Er ist nicht mehr auf Platz eins, sondern steht hinten an. Für viele Männer kein Problem, wenn es sich um eine begrenzte Zeit handelt. Je länger die Phase jedoch ist, umso größer die Gefahr der Entfremdung als Paar.

Männer sind vor dem Phänomen auch nicht befreit. Es gibt Väter, die sehen ihren Sohn oder ihre Tochter als das Wichtigste in ihrem Leben an. Sie spenden all ihre Aufmerksamkeit und Energie den Kindern. Wer kommt zu kurz? Die Frau. Sie wird nur noch in ihrer Mutterrolle wahrgenommen oder auf diese reduziert. Gemeinsam hat das Elternpaar ein Projekt: ihr Kind.

Kinder brauchen Freiraum – Paare auch!

Viele Mütter und Väter sind erstaunt zu hören, dass es nicht gut ist für Kinder, das Wichtigste im Leben der Eltern zu sein. Ich meine damit nicht die herzliche Mutter- oder Vaterliebe, die einfach da ist. Kinder wollen und benötigen einen guten Platz im Herzen ihrer Eltern. Da gehören sie auf jeden Fall hin. Doch Kinder brauchen keine Eltern, die nicht loslassen wollen und sie mit Aufmerksamkeit ersticken.

Je autonomer und selbstständiger ein Kind durch das Leben robbt, krabbelt, wankt und geht, umso mehr Freiraum braucht es von den Eltern. Diese Freiheit gibt ihm den Entwicklungsraum, die Welt auf seine Art und Weise zu entdecken. Mutter und Vater haben die schöne Aufgabe, den Freiraum immer mehr zu vergrößern. Das bedeutet, jeden Tag ein Quäntchen mehr loszulassen und das Kind in seiner Entwicklung in Ruhe zu lassen.

Der neue Freiraum bietet Platz, die Paarbeziehung wieder zu reaktivieren. Das ist Ihre Chance, sich wieder als Erwachsene unabhängig von der Elternrolle zu begegnen. Nutzen Sie diesen Freiraum!

Kinder brauchen Eltern mit aktivem Paarleben

Berufstätige Eltern schlüpfen täglich in drei Rollen:
- Mutter- oder Vaterrolle
- Rolle in der Arbeit (Teil- oder Vollzeit)
- Rolle als Frau und Mann in der Partnerschaft

Dummerweise nehmen die Eltern- und Arbeitsrolle so viel Zeit und Kraft in Anspruch, dass für die Partnerrolle nichts mehr übrigbleibt. Das ist nicht gut! Denn als Eltern und im Beruf verlieren Sie Energie. Sie schenken Ihren Kindern Aufmerksamkeit und Liebe, Sie geben gegen Geld Ihrem Arbeitgeber körperliche und geistige Tatkraft. Auftanken oder Sichfallenlassen geht hier nicht. Das geht bei Ihrem Partner, vorausgesetzt, Sie stehen noch in einer aktiven und gesunden Beziehung zueinander.

Die Arbeitszeiten lassen sich selten reduzieren. Viele Familien stehen unter finanziellem Druck: Das Geld soll und muss reinkommen. Die

Wirtschaft ist bei Weitem noch nicht dort angekommen, wo Beruf und Familie sinnvoll und für alle erträglich vereinbar sind. Die Zeiten als Paar gehen daher auf Kosten der Kinderzeit. Ist das schlecht? Nein, denn glückliche Kinder brauchen glückliche Eltern.

Wenn Sie für sich als Paar sorgen, dann kommen Sie aus der jeweiligen Elternrolle heraus. Sie betreten wieder die Bühne als Frau und Mann – wie vor der Familiengründung und doch ganz anders. Sie haben beide eine persönliche Entwicklung gemacht, indem Sie Eltern wurden. Lassen Sie Ihren Partner daran teilhaben, tauschen Sie sich aus und entdecken Sie sich neu. Indem Sie die Türen zur Partnerschaft wieder öffnen, bekommt die Liebe neue Luft – Frischluft im Herzen. Keine Angst, die Liebe zu Ihren Kindern weht dabei nicht weg, sie ist fest verankert.

Als Aufmunterung: Kinder wollen nicht von der Mutter- oder Vaterliebe erdrückt werden. Kinder wollen ein Elternpaar, das sich liebt und Beziehung vorlebt – mit Höhen und Tiefen. Das ist die Blaupause für das spätere Beziehungsleben Ihrer Kinder.

FRISCHLUFTKUR FÜR DIE PAARLIEBE

- In den ersten zwei Jahren nach der Geburt ist das Kind gefühlt das Wichtigste im Leben der Eltern – ganz normal.
- Danach lassen Sie Ihr Kind einfach immer mehr im Windschatten Ihres Lebens mitlaufen. Das bedeutet: Leben Sie Ihr Leben und lassen Sie Ihr Kind daran teilhaben.
- Führen Sie eine aktive Wiederbeatmung Ihres Paarlebens aus. Das geht einfach: Unterhalten Sie sich einmal täglich über Ihre Themen, die Sie als Erwachsene beschäftigen und erlebt haben.
- Je nach Alter der Kinder verabreden Sie sich einmal im Monat oder zweiwöchentlich nur als Frau und Mann. Machen Sie etwas Gemeinsames, was Sie früher gern getan haben, oder entdecken Sie neue Aktivitäten. Sie haben wieder ein Date ...!

Leben Sie vor, dass es schön ist, sich als Mann und Frau zu lieben, zu streiten und sich zu versöhnen. Wenn das Wichtigste im Leben Ihr Partner ist bzw. wieder wird, dann können Ihre Kinder sich frei entwickeln. Somit profitiert Ihr Kind, wenn Sie Ihr Liebesleben wieder in Schwung bringen – eine Win-Win-Situation.

Das Kind als Ersatzpartner

Meine Tochter ist für mich wie meine beste Freundin.
Ihr kann ich alles erzählen – einfach klasse.

Mutter einer zwölfjährigen Tochter

Pass gut auf die Mama auf, während ich weg bin,
damit sie keine Dummheiten macht – hörst du?

Vater, Montag bis Donnerstag abwesend, zum vierjährigen Sohn

Dass Kinder zum Ersatzpartner befördert werden ist kein Phänomen, das nur bei Alleinerziehenden auftritt. Auch in nach außen intakten Familien kommt dies vor. Und es ist nicht gut für das Kind. Klare Regel: Die Eltern sind die Eltern; die Kinder sind die Kinder!

Wer eine gute Freundin sucht, der schaue sich bei Gleichaltrigen um. Wer einen Beschützer für die Frau braucht, da er selber immer weg ist, der überdenke sein Berufsleben oder rufe öfter mal an.

Wer hierfür seine Kinder *missbraucht* – ein hartes und doch passendes Wort –, der gibt seine elterliche Verantwortung auf und belastet sein Kind mit einer Verantwortung, die es nicht tragen kann. Kinder wehren sich leider erst ab dem Erwachsenenalter gegen das „Du bist mein Ersatzpartner"-Verhalten der Eltern. Davor fällt es ihnen schwer, denn sie sind abhängig von der Anerkennung und Liebe der Mutter und des Vaters. Sich gegen Übergriffe aus dieser Liebesquelle abzugrenzen, ist emotional nicht einfach.

„ICH WILL DEN BEZIEHUNGSMÜLL NICHT MEHR HÖREN"

Zu mir in die Beratung kam eine ca. 30-jährige Frau. Sie lebte als Single und hatte ein Angebot, für zwei Jahre nach London zu gehen. Sie war sich unsicher, ob sie es tun wolle, denn eigentlich war ihr die City zu groß und zu weit weg vom eigenen Freundeskreis.

Doch eine Motivation, nach England umzusiedeln, war, endlich Abstand zur eigenen Mutter zu gewinnen. Denn diese könne weder gut Englisch noch werde sie dort viel anrufen, der Kosten wegen.

„Ich will den Beziehungsmüll meiner Mutter mit meinem Vater nicht mehr hören. Es kotzt mich an!" Das waren die kraftvollen Wörter, mit denen sie anfing, sich endlich abzugrenzen. Noch nicht direkt vor der Mutter, aber bei mir in der Beratung: Der Anfang war gemacht.

Ein Kind kann sich nicht wehren

Die Tochter oder der Sohn sind fast immer da, wenn nicht gerade Kindergarten oder Schule ist. Es ist einfach und verlockend für Mütter oder Väter, die sich vom Partner allein gelassen fühlen, ihre Alltagssorgen, die Freude oder den Frust über den Partner beim Kind abzuladen. Das Kind wird sich nicht wehren. Das Kind liebt bedingungslos seine Mutter und seinen Vater.

Für ein Kind ist es die emotionale Hölle, wenn es sich zwischen Mutter oder Vater entscheiden soll. Es muss sich ja gegen einen eigenen Anteil in sich entscheiden, denn es trägt Mutter und Vater in sich. Es liegt in der Verantwortung beider Elternteile, die Kinder nicht für ihre Beziehungsprobleme zu missbrauchen.

Die meisten Eltern machen nicht vorsätzlich ihre Kinder zu Ersatzpartnern. Es passiert eben irgendwie. Plus: In Krisen bieten sich Kinder an, den Platz des Partners zu übernehmen; sie wollen helfen.

„ICH MUSS JA MIT MAMA KUSCHELN, SIE HAT JA SONST KEINEN"

In einer Beratung kam ein Paar mit einem achtjährigen Sohn. Der Vater war als Unternehmensberater viel auf Reisen. In den Nächten, in denen er weg war, schlüpfte der Sohn immer wieder ins Bett der Mutter, um dort zu schlafen.

Der Vater war von diesem Verhalten irritiert. Die Mutter fand es auch nicht gut, zugleich scheute sie die Auseinandersetzung mit ihrem Sohn, und irgendwie war es auch okay – also unklar.

Bisher hatten die Eltern sich Rat gesucht bei Freunden. Es wurde das Verhalten des Sohnes analysiert und über Lösungen diskutiert. Der Sohn selbst war nie gefragt worden.

Genau das tat ich nun in der Beratung. „Du bekommst mit, dass dein Vater und deine Mutter das nicht gut finden. Kannst du mir helfen zu verstehen, wieso du das machst?", fragte ich ihn. Er guckte mich an und sagte mit weinerlicher Stimme: „Die Mama sagt immer, dass es schade ist, dass der Papa dauernd weg ist. Sie fühlt sich alleine. Ich muss ja mit Mama kuscheln, sie hat ja sonst keinen."

Bingo. Der Sohn hört den Frust der Mutter über den abwesenden Partner und versucht zu helfen. Jetzt ist erwachsene und elterliche Verantwortung nötig, um ihn davon zu befreien. Der Rat an die Eltern war, freundlich und klar zum Sohn zu sagen: „Du musst nicht den Papa ersetzen, wenn er nicht da ist. Damit komme ich – Mama – alleine zu recht. Zum Beispiel holen wir uns gerade hier in der Beratung Hilfe. Das brauchst du nicht machen. Wir lieben dich."

Die gesamte Körperhaltung des Jungen entspannte sich. Die Schwere konnte zurück, wo sie hingehört, zu dem Elternpaar. Und die beiden begannen sich auf dem Weg zu machen, ihr Paarthema zu erkennen und zu lösen.

Gefährliche Anzeichen

Es könnte ja ganz bequem sein, wenn das eigene Kind der Ersatz für einen selbst ist – immerhin ungefährlicher als ein erwachsener Konkurrent. Doch Achtung! Unabhängig von den negativen Auswirkungen für das Kind ist es ein Anzeichen dafür, dass in der Paarbeziehung etwas gehörig schiefläuft.

Es gibt zwei wichtige dunkle Punkte zu beleuchten. Erstens: die Umstände im Familienleben. Mögliche Antworten:

- Es gibt kaum Familienzeiten wie gemeinsame Mahlzeiten oder Aktivitäten am Wochenende.
- Die Verantwortung für die Kinder bezüglich Alltag, Erziehung, Hausaufgaben und so weiter ist sehr ungleich verteilt. Ein Partner – oft die Mutter – trägt die gesamte Last.
- Es gibt kaum noch Paarmomente im Familienleben. Frau und Mann zu sein ist nicht möglich.

Zweiter dunkler Punkt: Der Umgang als Paar ist nicht mehr liebevoll und wohlwollend. Typische Anzeichen:

- In Zeiten der Zweisamkeit haben Sie sich jenseits von Familienthemen nichts zu sagen.
- Körperlichkeit jenseits vom Sex wie Kuscheln, Schmusen, Streicheln und Umarmen ist Mangelware.

Wenn Sie als Reaktion darauf eifersüchtig auf Ihr eigenes Kind werden, da dieses die Aufmerksamkeit und Liebe erfährt, die Sie vermissen, dann wird es richtig kompliziert. Dieses Gefühlsknäuel aus Liebe, Zurücksetzung, Scham, Wut, Trauer und Sehnsucht zu entwirren bedarf eines partnerschaftlichen Wollens und Offenheit über das, was ist.

Aber vergessen Sie nicht: Es tut nicht nur Ihnen und Ihrem Paarleben gut, sondern insbesondere Ihren Kindern, wenn Sie die Ersatzpartnerschaft beenden.

IN DREI SCHRITTEN DIE ERSATZPARTNERSCHAFT BEENDEN

- **Erster Schritt:** Gestehen Sie sich ein, dass Sie in Ihrem Kind teilweise Ersatz für Ihren Partner suchen. Hintergrund: Nur das, wofür Sie Verantwortung übernehmen, können Sie ändern.
- **Zweiter Schritt:** Lösen Sie die Ersatzpartnerschaft mit Ihrem Kind auf. Machen Sie in wenigen herzlichen Worten klar, dass Sie keine Hilfe mehr brauchen, sondern als Erwachsener für sich selbst sorgen. Ihr Kind darf wieder einfach Ihr Kind sein. Das ist sehr befreiend – für beide Seiten.
- **Dritter Schritt:** Übernehmen Sie Verantwortung als Paar. Eine Gesprächseröffnung könnte sein: „Ich habe mir bis heute von unserem Kind XY geholt. Das ist jetzt vorbei. Ich will XY von dir bekommen. Was denkst und fühlst du dazu?"

Die stille Eifersucht des Mannes

Mein Mann wird zum dritten Kind. Das nervt!   Zweifache Mutter

Es dreht sich nur noch um die Kinder. Als Vater werde ich gerade noch wahrgenommen. Als Mann? Tote Hose!   Ihr Mann

Spätestens ab dem Zeitpunkt der Geburt des gemeinsamen Kindes spielt der Mann die zweite Geige im Leben der Frau. Das Baby hat absoluten Vorrang. Das ist wichtig und ganz normal. Die Frage lautet nur: Wie lange?

Wie schon mehrfach im Buch angedeutet: Spätestens nach 24 Monaten ist es Zeit, wieder mehr Frau und Mann in der Partnerschaft zu sein. Bis dahin kann es sein, dass Männer eifersüchtig sind, es zugleich aber nicht zeigen. Es ist die stille Eifersucht des Mannes, die für die Partnerschaft gefährlich werden kann.

Darf ein Mann auf sein eigenes Kind eifersüchtig sein?

Ja, er darf! Es gibt keine verbotenen Gefühle – zumindest nicht in der Natur. Verbotene Gefühle stammen von unseren Moralvorstellungen und Wertesystemen. Wenn jemand eifersüchtig ist, dann ist er oder sie eifersüchtig. Punkt. Fünf andere Fragen sind viel interessanter:

- Wieso bin ich eifersüchtig?
- Worauf bin ich eifersüchtig?
- Was habe ich von der Eifersucht?
- Wie äußere ich die Eifersucht?
- Wie reagiert mein Partner darauf?

Was ist Eifersucht?

Das Therapeuten-Paar Gabriele Frick-Baer und Udo Baer haben ein wunderbares Buch mit dem Titel „Das ABC der Gefühle" geschrieben. Unter E wie Eifersucht erklären sie kurzweilig und anschaulich die Mechanismen dieses Gefühls. Im Grunde gibt es zwei Treiber zur Eifersucht:

- ein starkes Ich
- ein schwaches Ich

Ein starkes Männer-Ich geht intensive, leidenschaftliche Beziehungen zu Frauen ein. Es liebt und will geliebt werden. Wenn diese Liebe gefährdet ist durch Dritte, dann kommt die Eifersucht. Sie verteidigt die Liebe und Bindung zum Partner. Dabei schießt sie gern über das Ziel hinaus – die berühmten Eifersuchtsdramen in Beziehungen. Doch Eifersucht wird auch als Liebesbeweis angesehen: „Bist du etwa eifersüchtig? Ach, wie süß!" Kennen Sie dieses Liebesspiel in der Beziehung? Solange es nicht egal ist, liebt er oder sie mich noch.

Ein schwaches Männer-Ich kann gar nicht glauben, dass es geliebt wird, beziehungsweise, dass es liebenswürdig sei. Also lauert die Eifersucht in der Beziehung und wartet auf Beweise, dass alles nur

Schein ist. Wer so wenig Selbstwertgefühl besitzt, dass er sich selber nicht richtig lieben kann, der ist misstrauisch allen Beziehungspartnern gegenüber. „Wie kann geliebt werden, was ich selbst nicht liebe?" So lautet die innere Logik.

Und natürlich gibt es die Menschen, die über der Eifersucht stehen – angeblich. Häufig bricht sie umso heftiger hervor, je mehr sie im Vorfeld unterdrückt wurde.

Der Ausweg aus dem Gefühl ist einfach und schwer zugleich. Einfach, denn es liegt in der Hand des Mannes, sich der Eifersucht zu stellen und zu hinterfragen, was davon berechtigtes Misstrauen ist und was davon Fantasie. Das ist schwer, denn es dreht sich um das eigene Selbstwertgefühl. Welche dunklen Punkte trage ich da in mir? Was wird angetippt? Alles Gefühlsfragen, die Männer nicht so sehr lieben.

Und hier geht es ja nicht um einen echten oder vermeintlichen Nebenbuhler, dem man auf Augenhöhe begegnen könnte, nein, es geht um das eigene Kind, das dem Mann gefühlt die Frau wegnimmt, da sie nur noch Mutter ist. Das allein zu denken oder zu lesen fühlt sich nicht richtig oder sogar verboten an.

Reaktionen: Der Mann flieht oder wird zum Kind

Wohl wissend, dass der Vater als Mann nicht gegen sein Kind gewinnen kann und will, ziehen sich viele zurück. Optimales Rückzugsgebiet ist die Arbeit. Junge Väter fangen plötzlich an, länger im Büro zu sein, Überstunden zu leisten, sich in neuen Projekten zu engagieren. Von dieser Reaktion höre ich in meinen Beratungen, wenn zusätzlich dem Mann signalisiert wird, dass er es mit dem Kind nicht richtig mache. Es wird ihm also in der Familie eine eigenständige Vaterrolle verwehrt, die er auch nicht aktiv einnimmt und um die er nicht kämpft.

„ZUMINDEST ALS ERNÄHRER BIN ICH GUT GENUG FÜR DICH"

Eine junge Familie in meiner Paarberatung: Sie beklagte, dass er sich nicht beteilige und nur noch in der Arbeit sei. So habe sie sich das Familienleben nicht vorgestellt.

Er hörte schweigsam zu. Die abwertenden Äußerungen seiner Frau über sein mangelndes Familienleben prallten an ihm ab – äußerlich. Doch dann platzte ihm der Kragen: „Aber das Geld gefällt dir, oder? Naja, zumindest als Ernährer bin ich gut genug für dich."

Es wurde eine längere Beratung, um an den Kern heranzukommen. Fazit war, dass er das Gefühl hatte, mit dem Kind nichts richtig zu machen. Das hörte er aus den Rückmeldungen seiner Frau heraus. Gleichzeitig fehlte ihm ein väterliches Vorbild. Er betrat Neuland. Er wollte nicht so sein wie sein eigener Vater und wusste nicht, wie das aussehen könnte.

Das Gefühl, alles falsch zu machen, verstärkte sich, und so floh er in seinen Job: Hier hatte er alles im Griff, hier wurde er anerkannt und verdiente sehr gut. Das war sein Familienbeitrag. Dass er dafür die Bindung zu seinem Kind und seiner Frau verlor, nahm er schmerzhaft in Kauf – „männlich" eben.

Eine zweite Variante, mit der Eifersucht umzugehen, ist es, selbst zum Kind zu werden. Es ist ganz natürlich, dass unser inneres Kind angesprochen wird, wenn wir Eltern werden. Alles, was wir verpasst haben, was unsere Eltern uns nicht gaben, was wir schmerzlich erleben mussten, kommt jetzt wieder zum Vorschein.

Normalerweise registriert man das als Elternteil, lebt es jedoch nicht aus, denn Kinder brauchen Eltern, die erwachsen handeln. Das bietet ihnen Geborgenheit und Schutz. Eine Ausnahme ist natürlich das freie Spiel mit dem Kind, wo Platz ist für unser inneres Kind. Wenn der Mann – aus Sicht seiner Frau – zum Kind wird, dann tritt er unbewusst in den Wettbewerb mit seinem eigenen Kind: Er will die gleiche Art von Zuneigung wie sein Kind erleben. Da ist etwas tragisch verschoben.

Verschoben, weil er nicht als Kind eine Mutterliebe sucht, sondern als Mann die Liebe einer – seiner – Frau. Tragisch, weil er eventuell spürt, dass er selbst als Kind kaum Liebe abbekommen hat und jetzt erlebt, wie sein eigenes Kind diese bekommt. Da muss doch für ihn – für sein inneres Kind – auch was drin sein? Doppelt tragisch, denn Frauen wollen einen Mann an ihrer Seite, kein Kind. Er macht sich zum Kind und verliert dadurch Respekt und Sexappeal bei der Frau. Die Paarliebe rückt in weite Ferne.

DIE STILLE EIFERSUCHT DES MANNES – DAS KÖNNEN SIE TUN

- **Als Frau:** Gehen Sie das Thema behutsam an. Stellen Sie Ihren Mann nicht bloß. Hilfreiche Sätze sind: „Ich habe das Gefühl, dass du dir mehr Liebe von mir wünschst. Stimmt das?" oder „Ich liebe dich, auch wenn ich es zurzeit kaum zeige. Dein kindisches Verhalten macht es mir schwer, dich als meinen Mann zu sehen. Bitte ändere das für mich."
- **Als Mann:** Erlauben Sie sich das Gefühl, eifersüchtig auf Ihr Kind zu sein. Und dann handeln Sie erwachsen. Partnerschaft und Vaterschaft sind das, was Sie daraus machen. Sprechen Sie offen – nicht zwischen Tür und Angel – mit Ihrer Frau darüber. Hilfreiche Starter sind: „Ich bin manchmal echt eifersüchtig auf unser Kind. Ich brauche auch wieder ein bisschen von deiner Liebe. Wie bekommen wir das hin?"

DIE UNHEIMLICHE MACHT DER EIGENEN ELTERN

Eltern zu werden bedeutet, neue Rollen zu finden. Sie sind jetzt Mutter und Vater. Wie soll das gehen? Auf der einen Seite folgen Sie einfach Ihrem Instinkt. Die Natur hat Sie da gut ausgestattet. Auf der anderen Seite funken Ihnen unbewusste Rollenvorbilder dazwischen – was tun?

Ich wollte nie so sein wie meine Mutter. Jetzt bin ich manchmal ihr Ebenbild.
Eine erschrockene Frau

Meinen Vater als Opa zu erleben ist wunderschön und schmerzhaft zugleich. Wieso konnte er nicht so ein liebevoller Vater für mich sein?
Ein fragender Mann

Welche Vorbilder haben Sie für Ihre Mutter- oder Vaterrolle? TV-Serien oder Romane über glückliche Familien helfen nicht weiter. Sie sind auch nicht stilbildend für Ihre Rolle. Was wirklich zählt und Sie unbewusst lenkt, sind die Vorbilder, die Sie am eigenen Leibe erfahren haben – Ihre Eltern und teilweise Großeltern.

Einige machen es bewusst anders, andere folgen eher ihren Vorbildern. Am Ende stellen alle fest, dass die eigenen Kindheitserfahrungen maßgeblich das eigene Elternsein bestimmen. Und dass man plötzlich selber wieder Kind ist, wenn die eigenen Eltern in der Rolle als Großeltern zu Besuch kommen. Für die Paarliebe sind dies herausfordernde Situationen.

Die eigenen Eltern oder Schwiegereltern mischen mit

Wenn seine Mutter etwas sagt, dann ist es für ihn wie ein Gesetz.

Frau, genervt von den Telefonaten ihres Mannes mit seiner Mutter

Schwiegermutter zu Besuch? Die Hölle für mich, da bleibe ich lieber gleich ganz weg.

Mann, der plötzlich feststellt, dass die Schwiegermutter dauernd da ist

Es ist faszinierend zu beobachten, wie mit der Geburt des ersten Kindes plötzlich die Großfamilie neu ins Spiel kommt. Die heutige Großelterngeneration ist sehr vielseitig: Es gibt Omas und Opas, die bewusst in die Nähe der Kinder ziehen, um bei der Betreuung zu unterstützen. Und es gibt Omas und Opas, die entweder selber noch arbeiten oder ein eigenes aktives Rentnerleben führen mit Hobbys und Reisen. Die gern einmal auf die Enkel aufpassen, jedoch nicht fest verplanbar sind. Es gibt Großeltern, die einen Besitzanspruch auf die Enkelkinder erheben, und Großeltern, denen es egal ist.

Wenn Sie ein für sich gutes Verhältnis zu Ihren Eltern und Schwiegereltern haben, dann ist alles okay. Problematisch wird es für die Paarbeziehung, wenn das Verhältnis zu den Eltern gestört ist oder die Eltern plötzlich sogar wichtiger sind als der eigene Partner.

Mütter, die sich intensiver mit der eigenen Mutter als mit dem Partner über die Entwicklung der Kinder austauschen, riskieren, dass der Mann sich vom Familienleben abwendet. Er spürt die Verbindung zwischen seiner Frau und deren Mutter und ist chancenlos.

Väter, die das Wort der eigenen Mutter über die Gefühle und Äußerungen ihrer Frau stellen, riskieren, dass die Frau sich von ihm abwendet. Keine Frau gewinnt den Kampf gegen die Mutter ihres Mannes, wenn er nicht bereit ist, zu seiner Frau zu stehen.

Der lange Arm der eigenen Eltern

Ich erlebe es immer wieder in meinen Beratungen, Vorträgen und bei mir selbst, dass die Macht der Eltern ungebrochen auf uns wirkt. Die Frage lautet: Haben wir es geschafft, uns abzugrenzen oder lenken uns immer noch die Aussagen, Glaubenssätze und die Liebe oder der Liebesentzug der eigenen Eltern?

Die Familien-Evolution im Schnelldurchlauf ist bestimmt von einer lebenslangen Abnabelung der Kinder von den Eltern. Als Baby sind wir abhängig von unseren Eltern. Ab dem sogenannten Trotzalter – eigentlich ein „Ich-Werdungs-Alter" – beginnt die Loslösung. Die nächsten radikaleren Schritte erfolgen in der Pubertät und mit dem Auszug aus dem Elternhaus. Raus aus der Einflussnahme der Eltern lautet das Motto, das eigene Leben leben ist der Wunsch.

Bei der Partnerwahl können wir feststellen, dass wir anscheinend unbewusst weiter beeinflusst sind von unseren Eltern: Viele wählen Frauen oder Männer, die Verhaltensweisen an den Tag legen, die uns von unserer Mutter oder unserem Vater bekannt sind. Das ist nicht verwunderlich, denn bekanntes Verhalten bedeutet Sicherheit. Wir haben aus der Kindheit Strategien entwickelt, damit umzugehen.

„IMMER DER GLEICHE FEHLGRIFF BEI DEN MÄNNERN"

Eine Frau kam frustriert zum Persönlichkeits-Coaching. Sie hatte schon drei längere Beziehungen hinter sich, jetzt reichte es ihr: immer das gleiche Drama mit den Männern. Am Anfang wurde sie umgarnt, doch dann entpuppten sich die Typen alle als Machos mit wenig herzlicher Wertschätzung für Frauen. Das wollte sie nicht mehr, aber gleichzeitig vermutete sie, dass dieses Muster auch etwas mit ihr selbst zu tun hatte.

Im Gespräch kam heraus, dass ihr Vater immer die Mutter abgewertet hatte: Frauen an sich sind nichts wert. Das war eine tief verinnerlichte Überzeugung in ihrer Herkunftsfamilie – und ihre Mutter hatte das mit sich machen lassen, genau wie sie jetzt auch. Männer, die die Klientin wertschätzend behandelten, hatten bei ihr keine Chance. Als guter Freund gerne, doch mehr war nicht drin. Es fehlte ihnen diese unbestimmte Ausstrahlung, dieses in ihren Augen echt Männliche eben.

Es wurde ein schmerzhaftes und befreiendes Coaching. Schmerzhaft, da sich die Klientin mit ihren Eltern auseinandersetzte. Unerfüllte kindliche Wünsche und Trauer sowie Wut poppten auf. Das war befreiend, da ihr bewusst wurde, dass sie bisher nicht selbstbestimmt bei der Partnerwahl gehandelt hatte: Die Glaubenssätze und Familienbilder ihrer Kindheit hatten ihr dazwischenge-funkt. Mit dieser Erkenntnis war der erste Schritt zur Lösung gemacht.

Die Klientin öffnete sich dafür, einen neuen Blick auf Männer zu werfen und nicht das bekannte, sondern das neue und für sie gesunde Verhalten des Mannes zu suchen. Es gab jetzt die Chance, dass aus einem „guten Freund" mehr wurde.

Wenn die Eltern sich in Ihre Familie drängen

Oma und Opa zu haben ist toll für die Kinder. Hier ticken die Uhren anders als bei Mama und Papa, ein Traum. Für die Eltern sind Oma und Opa eine gute Unterstützung bei den Aufgaben rund um Beruf und Familie und wohlwollende Ratgeber in der Not – es kann jedoch leider auch ganz anders sein.

Mit der Gründung einer eigenen Familie entfernen Sie sich von Ihren Eltern. Sie sind jetzt selber Eltern geworden. Die neue Kernfamilie sind Sie mit Ihrem Partner und den Kindern. Es gibt Großeltern, die das akzeptieren und loslassen. Es gibt jedoch auch die andere Sorte Großeltern, die unbedingt und mit aller Macht Bestandteil der neuen Kernfamilie sein wollen. Das geht oft nur auf Kosten der Paarbeziehung. Jährlicher Höhepunkt dieses Machtkampfes ist das Weihnachtsfest. Wo und mit wem wird gefeiert? Eine Frage mit Sprengstoffcharakter.

Vergegenwärtigen Sie sich noch einmal den Schritt vom Paar zur Familie. Ihr Leben wird komplett auf den Kopf gestellt. Ihr Baby ist Chef in den ersten ein bis zwei Jahren, alles dreht sich um seine Bedürfnisse. Sie als Mutter oder Vater kümmern sich um das Baby; als Frau und Mann pausieren Sie.

Wenn in dieser Situation die Eltern oder Schwiegereltern zusätzlich Aufmerksamkeit fordern oder ungebeten Erziehungs- und Lebensweisheiten von sich geben, dann kostet Sie dies alles Energie. Für das Kind da sein, sich abgrenzen von den Eltern oder Schwiegereltern und noch eine Paarbeziehung führen, ist definitiv zu viel.

Ihr Kind ist gesetzt; zwischen Eltern oder Partner können Sie wählen. Wenn Ihnen Ihre Paarbeziehung am Herzen liegt, dann wählen Sie unbedingt Ihren Partner. Viele machen den Fehler, den Partner auch als gesetzt anzusehen. Doch das geht nicht gut, denn Partnerschaft muss gepflegt werden. Machen Sie das – aktiv! Ihre Eltern werden Sie nie verlieren; sie bleiben Ihre Eltern. Ihr Partner kann sich entscheiden zu gehen – trotz gemeinsamer Kinder.

ABGRENZUNG VON ELTERN ODER SCHWIEGERELTERN

- Wenn Sie und Ihr Partner die Eltern als unterstützend empfinden, dann gibt es keinen Handlungsbedarf. Freuen Sie sich!
- Wenn die Eltern ungefragt und bestimmend mitmischen, dann sollten Sie handeln. Es geht um Ihre Hoheit als Paar in Ihrer neuen Kernfamilie.
- Grenzen Sie sich aktiv ab. Formulieren Sie klar und deutlich, was Sie sich von den Eltern als Hilfe wünschen und was nicht. Wenn die Eltern darauf beleidigt reagieren, dann ist das kindisch und zeigt umso mehr an, dass Sie sich abgrenzen müssen.
- Wirksam ist eine persönliche Sprache: „Ich will nicht, dass …" oder „Ich will, dass …".
- Wenn Ihnen „wollen" zu hart ist, versuchen Sie es sanfter mit „Ich möchte, dass …" oder „Ich möchte nicht, dass …". Wenn es wirkt, okay, wenn nicht, dann hilft ein klareres „Ich will (nicht) …".
- Lesen Sie unbedingt den nächsten Abschnitt „Du bist ja wie deine Mutter/dein Vater!", denn Abgrenzung von der eigenen Mutter oder dem eigenen Vater braucht häufig Mut und kann schmerzhaft sein – zugleich aber ein Gewinn für Ihre Partnerschaft!

Du bist ja wie deine Mutter/dein Vater!

Er wollte es anders machen. Doch was ist?
Sein Vater war nie da, und er ist auch nie da.   Eine frustrierte Mutter

Wo ist die lockere Frau geblieben, die ich geheiratet habe?
Seit sie Mutter ist, hat sie altmodische Ansichten, die mich abschrecken.
                                        Ein enttäuschter Vater

Ihre eigenen Eltern sind lebenslang prägend für Sie. So wie Ihre Mutter oder Ihr Vater wollten Sie vielleicht nie sein, doch kaum sind Sie selbst Mutter oder Vater geworden, schleichen sich Ansichten, Glaubenssätze und Verhaltensweisen ein, die Sie an die eigenen Eltern erinnern. Was ist hier los?

Sie haben sich verliebt und sind in eine Beziehung als Paar gegangen. Sie kennen die schönen und unschönen Seiten Ihres Partners. Sie lieben einander – im besten Fall so, wie Sie sind. Dann kommt Ihr gemeinsames Kind zur Welt, der Schritt vom Paar zur Familie erfolgt, die Mutter- und Vaterrolle muss gefunden werden. Und schon klopft die eigene Vergangenheit an. Die Rollen Ihrer Eltern dienen Ihnen als unbewusstes Vorbild oder Abschreckung. Sie sind quasi eine Blaupause, der Sie folgen oder die Sie ablehnen.

Die eigene Elternrolle muss gefunden werden

Wieso gefährdet dies die Partnerschaft? Weil Sie sich neu kennenlernen. Als Frau und Mann wussten Sie, ob und wie Sie zusammenpassen. Als Mutter und Vater müssen Sie sich neu erfinden. Es kann sein, dass Sie hier sehr verwundert sind über den Menschen, den Sie lieben.

Im Idealfall schaffen Sie es, als Paar über diese neue Elternrolle zu sprechen und zu reflektieren. Im Alltag findet dies kaum statt. Arbeit, Kinder und Großfamilie zerren zu sehr an uns, als dass Zeit bleibt, sich mit der eigenen Elternrolle auseinanderzusetzen. Und doch ist es sehr wichtig, denn Ihre persönliche und aus dem Herzen kommende Antwort auf diese zwei Fragen ist die Basis für Ihr Familienleben: Was für eine Mutter will ich sein? Was für ein Vater will ich sein?

DIE MACHT DER FAMILIENVERGANGENHEIT

Ein junges Elternpaar kam in meine Beratung, der Anlass: Sie lebten das traditionelle Familienmodell, er verdiente also in Vollzeit das Geld, während sie zu Hause bei dem einjährigen Sohn war. Ein Betreuungsplatz für das Kind war nicht in Sicht, daher konnte die Mutter ihre freiberufliche Tätigkeit als Journalistin nicht weiterverfolgen. Täglich wuchs ihr Frust darüber. Die Streits mit ihrem Mann und die Vorwürfe gegenüber einer männerdominierten Arbeitswelt nahmen zu. Die Liebe stand auf der Kippe – schon nach einem Jahr Familienleben.

Im Gespräch kam heraus, dass die Mutter der Frau vor 33 Jahren auf ihren Beruf verzichtet hatte, um sich ganz und gar der Tochter zu widmen. Das Familienschicksal nahm seinen Lauf: Der Vater war nur in der eigenen Zahnarztpraxis unterwegs und ließ sich in der Familie kaum blicken. Bekannte und verschwiegene Affären mit Arzthelferinnen gehörten dazu.

Die Tochter fühlte und sah, wie ihre Mutter litt. Und sie schwor sich, dass ihr das nicht passieren würde: Auf keinen Fall würde sie ihre Karriere wegen eines Kindes aufgeben. Gleichzeitig war dies genau die Situation, in der sie sich jetzt befand. Das für sie noch verwirrendere Gefühl war, dass sie die Zeit mit ihrem Jungen liebte. Sie war gern Mutter, wenn sie sich es erlauben konnte. Sobald sie anfing nachzudenken, kam der Frust: „Wofür habe ich gekämpft, wenn ich jetzt wie meine Mutter zu Hause bin?"

Aus der Paarberatung wurde schnell ein Persönlichkeits-Coaching. Im Einzelgespräch schaffte es die Frau, sich mit ihrer Familienvergangenheit zu versöhnen. Nach dieser Befreiung konnte sie sich aktiv und selbstbestimmt um ihre eigene Mutterrolle kümmern. Sie beschloss, die Zeit mit ihrem Jungen zu genießen; der Druck, unbedingt wieder sofort arbeiten zu müssen – in Abgrenzung zur eigenen Mutter – war gewichen. Das Thema Arbeit war für sie nicht vom Tisch, doch sie konnte sich nun unverkrampft den möglichen Optionen widmen.

In einer nachträglichen E-Mail verwies das Paar dankend darauf, dass der Schlüssel zur Wiederbelebung ihrer Paarliebe in der Loslösung der Frau von der Mutter gelegen hatte.

Wieso Ihre Eltern Sie unbewusst lenken

Wenn wir Neuland betreten, suchen wir Sicherheit. Wenn wir zum ersten Mal Eltern werden, holen wir sofort unsere eigenen Eltern unbewusst hervor. Das, was wir als Kind erlebt haben, kennen wir. Was wir kennen – egal ob es gut oder schlecht war – bietet Sicherheit. Sicherheit ist das, was junge Eltern suchen. Denn urplötzlich tragen sie die gesamte Verantwortung für das neue Leben.

Es ist ganz normal, dass dabei die Rollenbilder der eigenen Mutter oder des eigenen Vaters da sind. Hieran können Sie sich reiben, können sich abgrenzen oder gute Sachen übernehmen. Schwierig wird es, wenn Ihr Partner nicht damit leben will, wie Sie Ihre Rolle als Mutter oder Vater ausfüllen. Jetzt haben Sie einen Konflikt.

DIE SCHATTEN DER VERGANGENHEIT HINTER SICH LASSEN

- Reflektieren Sie Ihre eigene Kindheit. Was war gut und was war schlecht? Schreiben Sie spontan die jeweils drei wichtigsten Punkte auf.
- Versöhnen Sie sich mit Ihrer Kindheit. Versöhnung setzt Verständnis voraus. Was glauben Sie, wieso waren Ihre Mutter und Ihr Vater so, wie sie waren?
- Machen Sie sich bewusst: Sie sind einzigartig und anders. Sie können frei entscheiden, welche Anteile Ihrer Eltern Sie übernehmen wollen und welche nicht. Hilfreich ist die Antwort auf die Frage: „Was für eine Mutter/Was für ein Vater will ich sein?"
- Dieser Prozess ist zuerst einmal eine Persönlichkeitsentwicklung. Sie können ihn alleine oder mit Hilfe von außen machen. Integrieren Sie gleichzeitig Ihren Partner, indem Sie über Ihre Erkenntnisse, Gefühle und nächsten Schritte berichten. So kann er oder sie verstehen, wieso Sie sich ändern.

DIE SPRENGKRAFT VON VORWÜRFEN

Der Vorwurf ist eine Art verbaler Fehdehandschuh. Er birgt eine große Kraft der Zerstörung in sich, denn wer mit Vorwürfen hantiert, ist in seiner Wahrnehmung gefangen. Es fehlen der Blick und die Empathie für den Partner.

Du bist falsch!
　　　　　Eine wütende Frau

Nein, du bist falsch!
　　　　　Ein wütender Mann

Vorwürfe haben nichts, aber absolut gar nichts Konstruktives an sich. Die Ursache für alles Übel wird beim Partner gesucht: Wäre er oder sie anders, dann könnte man ja auch anders sein. Das ist die Aufgabe der eigenen Selbstwirksamkeit – willkommen im Opferdasein.

Und doch rutschen Vorwürfe schnell in hitzigen Diskussionen raus. Denn sie sind machtvoll. Der Partner muss erst einmal verdauen, was Sie ihm vorwerfen.

DAS KLEINE EINMALEINS DER VORWÜRFE

- Vorwürfe sind destruktiv, da sie den Partner angreifen. Er reagiert selten mit Verständnis, sondern mit Gegenangriff oder Rückzug.
- Ein Vorwurf ändert nichts; er verschärft nur die Atmosphäre innerhalb einer Beziehung.
- Ein Vorwurf ist immer eine Selbstoffenbarung: „Mir geht es nicht gut und du bist schuld daran." Der erste Teil stimmt, es geht Ihnen nicht gut. Der zweite Teil ist eine Täuschung, denn die Verantwortung für Ihr Wohlergehen haben nur Sie selbst.
- Ein Vorwurf ist eine versteckte Aufforderung, dass sich etwas ändern soll. Erforschen Sie Ihren Frust oder Ihr Leid hinter dem Vorwurf und beginnen Sie selbst mit der Veränderung.
- Hinter einem Vorwurf kann man sich wunderbar verstecken. Schließlich ist ja der andere falsch. Wagen Sie sich aus dem Versteck heraus. Wenn Sie den ersten Schritt gehen, kann Ihr Partner Ihnen folgen und sich auch zeigen. Dann haben Sie keine Angriffe oder Rückzüge, sondern Offenheit über das, was ist.

Vorwürfe an ihn

In der Woche sieht er die Kinder nur am Morgen, wenn überhaupt. Und am Wochenende lässt er alles durchgehen. Es kotzt mich an!
Eine genervte Mutter

Vorwürfe sind ein Warnsignal. Wenn Sie in der Beziehung anfangen, sich gegenseitig etwas vorzuwerfen, dann brodelt es bereits unter der Oberfläche. Das Dumme ist, mit dem Vorwurf wollen Sie zwar etwas ändern – aber nicht sich, sondern den Partner. Nur: Keiner lässt sich gerne von jemand anderem ändern. Das hat mit Selbstachtung und Würde zu tun. Also reagieren wir – egal ob Frau oder Mann – auf Vorwürfe allergisch. Ein Vorwurf ist ein Angriff, und bei Angriffen bleibt nur Verteidigung (Vorwurf zurück) oder Rückzug (das typische männliche Schweigen).

In meinen Vorträgen höre ich immer wieder zwei Vorwürfe an den Mann, manchmal verpackt mit einem Lachen, doch das ändert nichts an dem Frust:

- Er ist nie da!
- Er macht es anders!

„Er ist nie da!"

„Wieso ist mein Mann nicht da? Wieso unterstützt er mich nicht? Wieso ist er nur ein Wochenendpapa? Das habe ich mir ganz anders vorgestellt." Kennen Sie diese Gedanken? Und es sind ja nicht nur Gedanken, sondern das entspricht in Ihrer Wahrnehmung der Realität. Ein Faktencheck würde ergeben, dass er in der Woche kaum anwesend ist und Sie auf sich allein gestellt sind.

Doch was ist der Grund dafür? Das lässt sich von außen schwer sagen. In Gesprächen mit Männern kommen vielseitige Motivationen zum Vorschein; es schimmert jedoch auch ein Leiden als Vater hervor, denn immer mehr Männer wollen eigentlich aktiv Vater sein. Wiederkehrend höre ich folgende Gründe von Männern für ihre Abwesenheit:

- Die Arbeit lässt mir keinen Spielraum für die Familie.
- Zu Hause geht es drunter und drüber, da fliehe ich lieber ins Büro.
- Meine Frau ist eine hundertprozentige Mutter, da gibt es keinen Platz für mich.
- Was soll ich mit dem Baby alleine anfangen? Ich warte, bis es ein Kindergartenkind ist.

Diesen gordischen Knoten bekommen Sie nur durchschlagen, wenn Sie miteinander reden und jeder für sich Verantwortung übernimmt. Es kann sein, dass Sie als Paar beschlossen hatten, dass die Frau zu Hause bleibt, während der Mann Karriere macht. Es ist ganz natürlich, dass dabei trotzdem Frust und Leid entsteht. Frust bei der Frau, allein mit den Kindern und dem Haushalt zu sein; Leid beim Mann, nicht als Vater eine tragfähige Beziehung zu den Kindern aufbauen zu können.

Wenn dies so ist, dann sollten Sie schleunigst darüber reden. Es ist Ihre gemeinsame Verantwortung als Paar, ob Sie Frust und Leid einfach wegdrücken und damit den Beginn einer Entfremdung einleiten oder ob Sie sich dem Thema stellen.

Ganz wichtig: Sich einem Thema stellen heißt nicht, dass Sie bereits die Lösung kennen. Es ist der Anfang für einen partnerschaftlichen Lösungsweg – nicht gegen, sondern miteinander. Hilfreich hierfür ist folgende Formulierung: „Ich bin gefrustet darüber, dass du kaum da bist. Ich weiß, dass wir dies so gemeinsam entschieden hatten. Doch nun merke ich, dass es mich nicht glücklich macht. Lass uns mal Gedanken darüber machen, wie wir das ändern können." Damit ist der Raum für ungeahnte Möglichkeiten geöffnet. Allein ein neuer Horizont kann schon beflügeln.

Kleiner Geheimtipp von mir als Mann für Frauen: Männer kämpfen sehr selten um ihren Platz in der Familie oder im Haushalt. Deshalb: Geben Sie ihm einen Raum, den er einnehmen kann. Ein kleiner, herzlicher und zugleich konsequenter Stupser kann viel bewegen. Fahren Sie am Wochenende mit einer Freundin weg und lassen Sie ihn allein zu Hause. Es gibt nichts Besseres für Männer und die Bindung zu ihrem Kind, wenn sie Vater ohne Mutteraufsicht sein können. Aber Achtung: Er wird es anders machen als Sie! Können Sie das aushalten?

„Er macht es anders!"

Pizza statt gesundes Gemüse, Sportschau statt Vorlesen – klassische Klischees? Immerhin werden Gegensätze deutlich. Ja, Männer und Väter agieren anders als Frauen und Mütter. Das stimmt!

Streitpotenzial gibt es nur, wenn sie oder er der Meinung ist, dass das andere falsch sei. Als Argumente halten dann her:

- Es ist für das Kind ungesund.
- Du hintergehst meine Regeln; wir müssen an einem Strang ziehen.
- Die Erzieherin hat gesagt, dass …

Mein Tipp in solchen Fällen an Mütter lautet: Einmal tief durchatmen, loslassen und bedenken, dass Ihr Mann die Kinder liebt und auf seine Art das Beste für sie will und tut.

Das ist manchmal schwer zu ertragen. Bevor Sie ihm jedoch einen Vorwurf machen, sollten Sie kurz prüfen:

1. Stehen Leib und Leben des Kindes auf dem Spiel?
2. Ist mein Kind unglücklich mit der Art des Papas?

Zweimal Nein? Dann ist alles okay. Lassen Sie los. Das geht am besten, indem Sie als Mutter nicht dabei sind, wenn der Papa es anders macht.

Mindestens ein Ja? Suchen Sie das Gespräch mit Ihrem Partner. Teilen Sie Ihre Beobachtung mit und hinterfragen Sie seine Absichten. So können Sie sich gemeinsam in Ihrer jeweiligen Elternrolle stärken. Hilfreich ist ein Satz wie „Ich beobachte, dass du gern unserer Tochter ein Bonbon gibst, wenn sie weint. Das finde ich nicht so gut, da der Zahnarzt schon erwähnt hat, wir müssen mehr aufpassen. Ich vermute, du willst sie liebevoll mit dem Bonbon trösten. Meinst du, es geht auch anders?"

Und noch ein kleiner Hinweis: Es ist nicht wichtig, dass Sie als Eltern an einem Strang ziehen. Es ist wichtig, dass Sie als Mutter und Vater authentisch sind und sich auf Augenhöhe begegnen, wenn Sie unterschiedlicher Meinung sind. „Aber dann spielen uns die Kinder gegeneinander aus", schallt es mir in meinen Vorträgen immer wieder entgegen. Nein, Kinder können Eltern nie ausspielen – Eltern können sich nur ausspielen lassen, wenn sie nicht fähig sind, sich zu einigen, wer wann welche Verantwortung trägt.

SO GEHEN SIE MIT IHREN VORWÜRFEN UM

- Klären Sie ab, wer welche Verantwortung trägt und welche Aufgaben übernimmt. Schauen Sie sich dabei in die Augen und besiegeln Sie es mit einem Handschlag als Paar.
- Überprüfen Sie Ihre Vereinbarung regelmäßig. Das Leben spielt jederzeit neue Karten aus. Reagieren Sie darauf als Paar flexibel.
- Vermeiden Sie Besserwisserei, das hilft niemandem. Väter sind anders als Mütter – zum Glück für Ihre Tochter oder Ihren Sohn.
- Die Tipps gelten übrigens genauso für den folgenden Abschnitt!

Vorwürfe an sie

Für mich ist meine Arbeit ein genauso gleichwertiger Beitrag für unser Familienleben wie ihre Zeit mit den Kids.

Rückmeldung eines jungen Vaters auf einem Vortrag

Wieso Vorwürfe schädlich sind, wurde gerade im Abschnitt oben beschrieben. Das gilt selbstverständlich genauso für die Vorwürfe, die der Mann und Vater an die Frau und Mutter richtet. Klassiker, die ich bei Vatercoachings höre, sind:

- Sie sieht meinen Beitrag nicht!
- Sie weiß alles besser!

„Sie sieht meinen Beitrag nicht!"

Das Dilemma besteht hier wieder darin, dass die Jobwelt auf die Familienwelt prallt (siehe auch den Abschnitt „Zwei Welten prallen aufeinander: Familien- und Jobleben"). Meist ist er der Haupternährer, während sie Familienaufgaben übernimmt und eventuell in Teilzeit dazu verdient. Dies hat zur Folge, dass die Frau eher einen Spagat in zwei Welten macht. Morgens die Kinder, dann der Job, dann wieder Kinder, dann der Partner oder Jobreste vom Tag. Der in Vollzeit arbeitende Mann verschwindet hingegen in seine Arbeitswelt und kommt am Ende des Tages wieder zurück. Ohne Hin-und-her-Switchen, ohne Telefonate mit dem Kindergarten zwischendurch, ohne die Organisation von Elternabenden.

Der Gerechtigkeit halber sei angemerkt: Zum Glück gibt es immer mehr Männer, die trotz Job aktiver Vater sein wollen. Sie kümmern sich paritätisch mit ihren Partnerinnen um die Elternaufgaben. Diese Männer erheben zugleich auch nicht den Vorwurf, nicht gesehen zu werden.

Aber zurück zu „Sie sieht meinen Beitrag nicht". Leider fehlt es vielen Männern an Mut oder am Wollen, sich aktiver als Vater einzubringen. An Mut, da sie gegen herrschende Karriereregeln verstoßen würden, wenn sie auf Teilzeit wechseln oder überhaupt nur früher nach Hause gehen wollten, von den finanziellen Einbußen nicht zu reden. Manchmal fehlt es auch am Wollen, da Vatersein auch anstrengend ist und es an eigenen väterlichen Vorbildern fehlt.

Doch die Männer und Väter von heute spüren, dass sie gern etwas ändern würden. Der Schritt zur Tat bleibt leider aus. Zumal bei vielen Frauen der Wunsch nach mehr Männerbeteiligung am Familienleben dann aufhört, wenn die Wohnung, das Reihenhaus oder die Urlaube finanziell in Gefahr sind – eine klassische Zwickmühle für das Paar.

E-MAIL: DER MANN IN DER ZWICKMÜHLE?

„Hallo Herr Schmidt,

ich bin 35 Jahre alt, habe einen zweijährigen Sohn, die Elternzeit von zwei Monaten gemacht, eine Wohnung gekauft und bin auf dem besten Weg, Abteilungsleiter zu werden.

Ich arbeite an Projekten, die viel Einsatz erfordern. Meine Kollegen (teilweise ebenfalls mit kleinen Kindern) versuchen offensichtlich den Rekord für die meisten Arbeitsstunden zu brechen; ich versuche möglichst pünktlich zu gehen.

Oft fange ich um 6 Uhr an und arbeite bis 19 Uhr durch. Unangenehme Sprüche aus dem Team sind trotzdem an der Tagesordnung. Zu Hause wird wiederum erwartet, dass ich mich um den Kleinen kümmere und meiner Frau Zeit für sich ermögliche. Die Gehaltserhöhung für die Ratenzahlungen darf natürlich nicht fehlen.

Die Anforderungen an mich sind derzeit deprimierend und von allen Seiten unrealistisch."

Vorsicht: Häme von Seiten der Frau à la „Endlich spürt der Mann einmal, wie das so ist" bringt Sie als Paar nicht weiter. Was Ihnen hilft, ist sich gemeinsam an den Tisch zu setzen und zu besprechen:

- Wer übernimmt welche Aufgaben und Verantwortung?
- Wie lange wollen wir das so leben? Wann überprüfen wir die Verteilung?
- Worauf können und wollen wir verzichten?

„Sie weiß alles besser!"

Vaterschaft und aktives Familienleben ist für Männer eine Expedition ins Ungewisse. Während Frauen und Mütter Generationen an weiblichen Vorbildern haben, wie das zu leben ist oder wie eben nicht, kennen Männer oft nur den abwesenden Vater. In der Wirtschaft wird dieses Bild vielfach am Leben gehalten. Karriere, Macht und Einfluss bedeutet Einsatz im Büro, bei Projekten oder beim Kunden.

Wenn ein Mann sich entschließt, aus diesen Bahnen auszubrechen – immer mehr wollen es, wenige tun es –, dann ist dies mit Risiken verbunden: Die Karriere pausiert, das Gehalt stagniert, es besteht die Gefahr, im Kollegenkreis für ein Weichei gehalten zu werden. In diesem Kontext ist es nicht gerade förderlich, wenn die Mutter des Kindes alles besser weiß, „besser" im Sinne von „Der Vater ist reiner Handlanger der Mutter". Sie scheint zu wissen, was für das Kind gut ist, was es braucht und in welcher Form.

Männer sind Kämpfer – aber nur die wenigsten von ihnen kämpfen gegen den Mutterinstinkt ihrer Frauen an. Da geben sie sich schnell geschlagen. Es ist ja auch nicht ihr über Generationen vererbtes Gebiet.

Das Familienbild muss von beiden gemalt werden. Wenn die Mutter dabei aber die Hand des Vaters lenkt, wenn die Frau vorgibt, welche Farben der Mann verwenden soll, dann wirft er gern den Pinsel hin. „Mal das Familienbild doch alleine" ist die Reaktion. Was folgt, ist der Rückzug in den Job, wo er seinen Familienbeitrag in Form seines Gehalts leistet. Glücklich mit der Situation ist keiner von beiden.

SO GEHEN SIE MIT SEINEN VORWÜRFEN UM

- Klären Sie ab, wer welche Verantwortung trägt und welche Aufgaben übernimmt. Schauen Sie sich dabei in die Augen und besiegeln Sie es mit einem Handschlag als Paar.
- Überprüfen Sie Ihre Vereinbarung regelmäßig. Das Leben spielt jederzeit neue Karten aus. Reagieren Sie darauf als Paar flexibel.
- Vermeiden Sie Besserwisserei, das hilft niemandem. Väter sind anders als Mütter – zum Glück für Ihre Tochter oder Ihren Sohn.

STREITEN, SCHWEIGEN ODER ALTE WUNDEN PFLEGEN?

Wenn man nur noch streitet oder sich gar nichts mehr zu sagen hat, kühlt sich das Beziehungsklima stark ab. Und wenn dann auch noch immer wieder die alten Wunden aufgetischt werden, die man einander geschlagen hat, vergeht beiden die Lust am Paarsein. Worauf Sie achten sollten, lesen Sie in diesem Kapitel.

Wir haben uns nichts mehr zu sagen oder streiten uns nur wegen alter Kamellen.
Ein verzweifeltes Paar

Wenn ein Konflikt zum Streit ausartet, dann hilft am schnellsten eine Auszeit. Gemüter müssen sich beruhigen und der Blick auf das Thema wieder klar werden. Laute Auseinandersetzungen sind ein Zeichen für einen explosiven Umgang miteinander. Schweigen oder Sprachlosigkeit deuten einen eher implosiven Umgang an: Wozu noch reden? Es gibt ja nichts mehr zu sagen.

Und dann sind da noch die alten Narben und Wunden aus der Beziehung, die nicht verheilen wollen oder sollen. Klingt paradox für Sie? Wunden, die immer wieder zur Sprache kommen, können als Machtmittel oder Beziehungskitt genutzt werden. Mehr dazu im entsprechenden Abschnitt in diesem Kapitel.

Nur noch Streit, wenn wir reden

Dass Männer anders ticken und sprechen als Frauen, dazu gibt es zahlreiche Bücher, Youtube-Videos und Anekdoten im Freundeskreis. Also nichts Neues. Dass Streitgespräche noch einen Hoffnungsschimmer in sich bergen, ist vielen Paaren nicht klar. Freuen Sie sich, wenn Sie sich streiten – solange es konstruktiv ist. Wenn der Streit jedoch destruktiv wird, zum Beispiel weil Sie sich immer im Kreis drehen, dann sollten Sie etwas ändern.

Wir wollen alle Aufmerksamkeit und Kontakt. Im Idealfall ist die Aufmerksamkeit liebevoll und wertschätzend. So wie Sie es aus der Anfangszeit als Paar kennen, als Sie verliebt waren und alles ganz easy klappte. Der tägliche Anruf oder die I-love-you-SMS versüßten das Leben. Aber nun, nach Jahren als Paar mit Kindern, geht es in der SMS nur noch um Einkaufslisten und Abholzeiten.

Es ist ganz normal, dass dies eine Phase war. Nach dem Aufwachen aus der Verliebtheit kommen verstärkt Konflikte in Partnerschaften dazu. Auch dies ist ganz normal. Als Paarberater bin ich immer sehr skeptisch, wenn Paare zu mir kommen mit dem Hinweis, sie würden sich ja nie streiten. Wie voll ist deren Fass an heruntergeschluckten Kompromissen? Wann kommt es zur Explosion oder Implosion? Konflikte gehören zum Leben und zu jeder Partnerschaft dazu. Die Frage lautet nur: Wie gehen Sie damit um?

Streit kann negative Aufmerksamkeit sein

Blicken Sie einmal zu Ihren Kindern. Sie sind Beziehungswunder. Kinder suchen die ehrliche Aufmerksamkeit ihrer Eltern. Sie bekommen sie nonverbal durch Blickkontakt, Streicheleinheiten und Schmusen, und verbal, indem sie gelobt werden oder einfach hören dürfen, wie schön es sei, dass es sie gibt.

Wenn diese Art von Aufmerksamkeit ausfällt, dann suchen Kinder den Kontakt auf der Gegenfahrbahn, das heißt, sie verweigern die Zusammenarbeit mit den Eltern. Eltern sind jetzt gefordert – viele überfordert. Plötzlich müssen sie gefühlt autoritär und böse sein, um sich durchzusetzen. Der Streit ist da: Die Eltern brüllen, das Kind weint. So haben Sie sich das eigentlich nicht vorgestellt, oder?

Was hat Ihr Kind davon? Zuerst einmal hat es Eltern, die Nein sagen können. Das erfreut kein Kind. Wenn es Eis haben will und ein Nein hört, dann kann ein Kind schon mal wütend und danach traurig werden. Irgendwie nachvollziehbar und kein Grund, als Eltern einzuknicken.

Schwieriger wird es, wenn Sie das Gefühl haben, immer wieder in einen Konflikt mit Ihrem Kind zu geraten, obwohl es eigentlich keinen offensichtlichen Grund dafür gibt. In solchen Fällen empfehle ich, den Blickpunkt zu ändern. Sucht Ihr Kind den Streit, weil es dadurch in Kontakt mit Ihnen ist? Negative Aufmerksamkeit ist immer noch Aufmerksamkeit. Es ist mehr als keine Aufmerksamkeit.

„Halt!", könnten Sie jetzt innerlich rufen, „das ist doch ein Paarratgeber und kein Erziehungsbuch." Richtig. Doch im Partnerstreit werden wir oftmals selbst wieder zum Kind – insbesondere, wenn unsere Streitkultur destruktiv ist. Destruktiv im Sinne von:

- die Ursachen des Konflikts sind kaum noch erkennbar,
- es geht nur noch darum, recht zu haben,
- die Wortwahl und Vorwürfe gehen unter die Gürtellinie,
- es besteht überhaupt kein Interesse daran, den Partner und seine Gefühle oder Gedanken wahrzunehmen,
- es geht immer und immer wieder um das Gleiche,
- es fühlt sich nicht nach einem Konflikt unter Erwachsenen, sondern nach einem Streit unter Kindern an. Das Kindliche hieran ist, dass es um negative Aufmerksamkeit geht. Selten spielt die Streitsache hier überhaupt eine relevante Rolle.

STREIT, SEX, STREIT, SEX …?

„Heftiger Streit mit Anschreien und Türknallen, danach schneller, wilder Versöhnungssex. Ich liebe das." Mit diesen Worten kommentierte ein Mann in der Beratung sein „Zündelverhalten": Er brauchte den Streit, um die Beziehung zu spüren. Die Reibungsenergie im Konflikt ließ sich sexuell aufladen, so dass es dann zur Versöhnung im Bett kam.

Sein Problem war, dass seine Frau davon die Nase voll hatte. Es war ihr schlichtweg zu anstrengend. Am Anfang war es aufregend, endlich einen Mann an der Seite zu haben, der ihr Kontra gab, keinen dauernden Ja-Sager. Doch als der Streit zum Selbstzweck wurde, fing es an, sie zu nerven. Sie sehnte sich nach Harmonie. Für ihn war sie harmoniesüchtig.

Streit versus Harmonie – mit diesem Konflikt kamen die zwei in die Beratung. Es war für beide eine Herausforderung zu lernen, dass Harmonie und Konflikte die zwei Seiten der Beziehungsmedaille sind. Harmonie und Streit tun der Beziehung gut, solange sie konstruktiv sind. Sobald ein Partner sich unwohl fühlt, kippt es ins Destruktive. Dann gilt es hinzuschauen und das Verhalten zu ändern, wenn man den Partner halten möchte.

In diesem Fall wurde es eine längere Paarreise in die eigene Kindheit. Er erkannte, dass er in seiner Kindheit gelernt hatte, Aufmerksamkeit durch Streit einzufordern. Sie erzählte, dass es bei ihr in der Familie verpönt war, eine eigene kindliche Meinung zu haben. Liebe bekam sie, wenn sie funktionierte. Also wählte sie als Kind die Harmonie und kochte nur innerlich vor sich hin.

Am Anfang ihrer Beziehung genoss sie es daher, dass sie endlich den Deckel lüften konnte und wütend sein durfte – ohne Liebesentzug. Für ihn war es neu, zu lernen, dass er auch ohne Streit geliebt wurde – einfach so.

Ursachen erkennen – Auswege finden

Wieso geraten Paare in einen Streit? Schon die Wortwahl passt nicht. Paare geraten nicht in einen Streit – mindestens ein Partner beginnt den Streit. Dass es immer der andere ist, ist dabei eine typische Sichtweise. Die Anlässe für einen Streit sind individuell, doch es lassen sich einige Grundursachen identifizieren:

- Konkrete Anlässe aus dem Paarleben. Normalerweise kommt es zu einem Konflikt, Standpunkte werden ausgetauscht und eine Lösung gefunden. Beispiel: Er hat zugesichert, um 18 Uhr zu Hause zu sein, damit sie zum Elternabend gehen kann. Er kommt aber erst um 19 Uhr. Der Konflikt ist klar: Unpünktlichkeit, die die Planung des Partners durcheinanderwirbelt. Die Lösung ist einfach: Zukünftig wird ein Babysitter beauftragt, so dass die Betreuung unabhängig von seiner Arbeitszeit gesichert ist. Kein Grund zur Panik oder Sorge als Paar – ein lösbarer Konflikt.

- Verschobene Anlässe kommen vor, wenn ein Partner der Mülleimer für die Sorgen und Wut des anderen wird. Beispiel: Er ist wütend auf seinen Chef, will es ihm jedoch nicht zeigen und lässt seinen Frust zu Hause bei seiner Frau raus. Dort fühlt er sich sicher; hier droht keine Abmahnung oder Kündigung – vordergründig. Hintergründig untergräbt er damit die Stabilität seiner Beziehung, denn niemand will ein Mülleimer sein.

- Am schwierigsten sind die Fälle, wo Streit zum Beziehungsspiel wird. Die Gründe sind stets unbewusst und liegen in der Biografie der Partner. Ein Beispiel wäre der genannte Fall der beiden, wo es um Aufmerksamkeit ging („Streit, Sex, Streit, Sex ...?").

In dem Modell der Transaktionsanalyse (TA) gibt es für die Spielanlässe eine Erklärung: Sobald wir uns in ein Streitgespräch mit der Haltung „Ich bin okay – du bist nicht okay" oder „Ich bin nicht okay – du bist okay" begeben, ist das der Anpfiff zum Spiel.

Im Streit wertet man den Partner oder sich selbst ab. Das Gemeine daran ist, dass hier der Topf seinen Deckel findet: Ein Partner wertet ab, der andere lässt sich abwerten. Wieso? Weil beide es in der Kindheit so erlebt haben und es jetzt wiederholen. Diese innere Haltung bietet Sicherheit, da sie bekannt ist. Wer hier nicht seinen Blick nach innen wendet und eine Haltungsänderung beginnt, spielt endlos weiter. Der Nachteil ist, dass das Spielergebnis extrem liebestötend ist.

Es geht um Macht, Abwertung und Abhängigkeiten. Die Liebe ist leider verloren. Wenn sich hier nur ein Partner ändert, kommt es sehr oft zum Bruch und zur Trennung.

Denn wer sich nicht mehr abwerten lässt, der ist kein Spielpartner mehr. Paarberatung ist eine Möglichkeit, dass beide Partner sich ändern und sich dabei im Blick behalten.

RAUS AUS DER STREITFALLE

- Wenn Sie einen konkreten Anlass haben, dann streiten Sie ruhig. Das gehört zur jeder Beziehung dazu.
- Wenn Sie das Gefühl haben, Sie sind für Ihren Partner der Blitzableiter für seinen Frust und seine Wut auf andere, dann weisen Sie ihn darauf hin. Steigen Sie nicht in den Streit ein. Motto: Lassen Sie den Ärger dort, wo er hingehört. Genau das können Sie auch Ihrem Partner sagen.
- Wenn Streit bei Ihnen ein Beziehungsspiel um Anerkennung oder Liebesentzug geworden ist, dann sollten Sie sich Unterstützung suchen. Für sich alleine, um zu erkennen, was Ihre Anteile am Spiel sind; als Paar, um gemeinsam mit professioneller Hilfe gemeinsame Auswege zu finden. Lesen Sie dazu auch das Kapitel „Richtig streiten – ohne Partnerverlust".

Die große Sprachlosigkeit

Wir haben uns nichts mehr zu sagen.   Frau zum Mann, er reglos

Die große Stille ist wunderbar, wenn die Basis stimmt. Paare, die miteinander schweigen können, fühlen sich tief auf der Herzensebene verbunden. Man spürt sich, ohne Worte finden zu müssen. Es wird nichts zerredet oder durchdacht, sondern man ist einfach im Hier und Jetzt ein Paar.

Die große Sprachlosigkeit jedoch ist Gift für die Beziehung und ein Alarmsignal. Wer seine Sprache in der Partnerschaft aufgibt; wer sich gefühlt nichts mehr zu sagen hat; wer es leid ist, immer wieder und wieder die gleichen Themen zu wälzen; wer sich hinter dem Fernseher, Tablet oder Smartphone versteckt; wer sich nur noch über die Kinder als gemeinsames Thema austauschen kann; wer nicht mehr von und über sich spricht, der sollte genau hinschauen, was in seiner Partnerschaft los ist.

Frühzeitig die Anzeichen erkennen

Die Sprachlosigkeit fällt nicht vom Himmel, sie nistet sich heimlich und schleichend ein. Viele Paare bekommen es anfänglich gar nicht mit. Die Sprachlosigkeit liebt die Routine in der Familie. Es wird real ja noch miteinander gesprochen – zumindest über die Kinder und die Einkaufslisten. Doch über das Innenleben als Frau und Mann wird kein Wort mehr verloren.

Folgende Anzeichen dienen als Früherkennung für die drohende Sprachlosigkeit in der Beziehung:
- Sie erzählen nicht mehr, wie es Ihnen geht.
- Sie wollen nicht mehr hören, wie es Ihrem Partner geht.
- Über die Kinder und Alltagsroutinen tauschen Sie sich noch aus – das war es dann schon.
- Immer mehr Gespräche lagern Sie an das Smartphone aus, das heißt, sie benutzen SMS, WhatsApp und Co. statt Ihre reale Stimme.
- Fernseher, Tablet, Zeitung, Bücher und so weiter dienen als Abschirmung vor dem Partner. Die Botschaft ist deutlich: Sprich mich bloß nicht an!
- Die beste Freundin, die Kumpels sind neue zentrale Ansprechpartner für Sie. Hier werden Sie gehört; hier werden Sie gesehen. (Achtung: Der Samen für eine Affäre ist gelegt! Mehr dazu im Abschnitt „Affären und Seitensprünge".)

„AM ANFANG KONNTEN WIR STUNDENLANG REDEN. UND JETZT?"

Eine Frau erzählte in der Paarberatung davon, was Sie an Ihrem Mann so geliebt hatte. Stundenlang konnte er mit ihr am Telefon sprechen. Das war für sie eine neue tolle Erfahrung. „Echt untypisch für einen Mann, das hat mich überzeugt. Ich habe mich richtig heftig verliebt – damals" waren ihre Worte. Doch aktuell herrschte das große Schweigen in der Beziehung. Selbst der Gang in die Beratung war für ihn eher unfreiwillig. Sie drohte ihm, ihn zu verlassen, wenn er nicht bereit sei, etwas zu ändern. Aus Angst, sie und die Kinder zu verlieren, willigte er ein.

Was war los bei den beiden? Die Beziehung lief in Phasen ab, und die Sprachlosigkeit war Ergebnis und nicht Ursache der Krise. In Phase eins waren sie frisch verliebt. Er konnte sich wunderbar mit ihr austauschen, liebte es, ihre Stimme zu hören, und fühlte sich von ihr gesehen.

In Phase zwei kam das erste von zwei Kindern. Das Paar wurde eine Familie. Er ackerte als Selbstständiger für den Lebensunterhalt, während sie in ihrem Beamtenjob pausierte. So war es gemeinsam abgesprochen.

Phase drei wurde mit dem zweiten Kind eingeläutet. Sie verlängerte ihre Elternzeit und er fühlte sich immer allein verantwortlich dafür, die finanzielle Sicherheit zu garantieren. Zumal ein Reihenhaus gekauft wurde, um den Kindern einen Garten bieten zu können. Für ihn stieg der Druck, in der Selbstständigkeit kontinuierlich erfolgreich zu sein. Sie ging ganz in der Mutterrolle auf.

In Phase vier verloren sich beide als Frau und Mann. Sie war nur noch Mutter und er nur noch Mann. Sie spürte, dass die Kinderthemen ihn überforderten; er spürte, dass sie sich für seine beruflichen Herausforderungen nicht interessierte. Gemeinsame Hobbys pausierten schon seit der ersten Geburt; der Freundeskreis bestand immer mehr aus Eltern von Freunden der Kinder.

Die Gesprächsthemen gingen ihnen buchstäblich verloren. Das Interesse an der Lebenswelt des Partners verflüchtigte sich. Was blieb, war Sprachlosigkeit und ein wachsender Graben zwischen ihnen. Die Paarberatung war der letzte Versuch, eine Brücke zu bauen.

Der Versuch gelang ihnen; zugleich war es ein schmerzlicher Prozess, denn in dem Graben hatten sich schon eine Menge unausgesprochener Vorwürfe gesammelt. Der Schlüssel zum Erfolg lag darin, die eigenen Anteile zu erkennen und zu ändern: Der Knackpunkt war das zweite Kind gewesen: Hier begann die Sprachlosigkeit zu wachsen; jeder zog sich in seine Rolle zurück. Je mehr sie neben dem Muttersein wieder Frau wurde und er das Vatersein neben der Ernährerrolle entdeckte, umso mehr kamen sie als Paar wieder zusammen.

Die Sprache wiederfinden

Das obige Beispiel zeigt den schleichenden Prozess des Sprach-verlusts. Der Auslöser war der Schritt vom Paar zur Familie. Wenn Sie hier nicht gemeinsam über Ihre Rollen als Mutter und Vater reflektieren, dann droht ein Automatismus, der in die Sprachlosigkeit führen kann. Jeder lebt in seiner Rolle, kennt nur noch seine Themen und ist nicht mehr an dem Leben des Partners interessiert. Windeln, Trotzphase und Elternabende auf der einen Seite – Karriere, Stress und Konflikte im Job auf der anderen Seite.

Mit jedem Tag, mit jedem Nicht-Reden und Nicht-Zuhören wird der Graben zwischen Ihnen größer. Am Anfang denkt man, da hüpfen wir locker rüber, wenn wir wieder Zeit haben. Und irgendwann merken Sie, dass selbst mit Anlauf der Graben nicht mehr zu überwinden ist. Die Sprache ist weg.

SPRACHLOSIGKEIT ÜBERWINDEN

- Erkennen Sie an, dass Sie sich gefühlt nichts mehr zu sagen haben. Das ist wichtig als Startpunkt für die Suche nach der Sprache.
- Hilfreicher Satz: „Ich habe dir nichts mehr zu sagen. Das macht mich traurig, denn ich möchte mit dir reden und mich austauschen. Wie siehst du das?" Und schon sind Sie im Gespräch.
- Gehen Sie auf Spurensuche: Wann haben Sie die Sprache als Paar verloren? Was war zu dem Zeitpunkt los?
- Welche Sprache haben Sie verloren – die als Eltern oder die als Paar? Sprechen Sie vielleicht aneinander vorbei?
- Wenn Sie wieder ins Gespräch kommen, dann beginnen Sie damit, als Frau und Mann zueinander zu reden. Denn hier sind Sie in Kon-takt mit sich selbst, Ihrer Gefühls- und Bedürfniswelt.
- Eine provokante Frage, die Sie ehrlich beantworten sollten: Haben Sie die Sprache zu Ihrem Partner oder den Kontakt zu sich selbst verloren? Nur wer Kontakt zu sich selbst hat, kann so über sich sprechen, dass der andere auch wirklich zuhört.

Damit Sie wieder in Kontakt kommen, ist es notwendig anzuerkennen, dass Sie den Kontakt zueinander verloren haben. Ohne Schuldzuweisung! Hilfreich ist ein Satz wie: „Ich habe den Kontakt zu dir verloren. Das schmerzt mich, denn ich will mit dir in Kontakt sein. Wie siehst du das?" Das reicht. Jeder darauf folgende Lösungsvorschlag wird in den Graben fallen, solange Sie nicht beide den Graben bewusst anerkennen und Sie beide ihn überbrücken wollen. Eine Lösung wird kommen, wird von Ihnen im Gespräch gefunden werden. Der Weg wieder hin zur Sprache ist neu und entsteht nur, wenn Sie ihn als Paar gemeinsam gehen.

Alte Wunden

Während der Schwangerschaft gab es eine Phase, wo er intensiv mit einer anderen Frau flirtete. Es war nichts zwischen ihnen – oder vielleicht doch? Das geht mir seit fünf Jahren nicht aus dem Kopf.

Frau, die ihrem Mann vertrauen will, es aber nicht kann

In unserer Zeit als Paar ohne Kinder hat sie mich einmal kurz für einen Monat verlassen. Ich hatte damals ziemlich Stress im Job und war nicht wirklich genießbar als Partner. Dass sie so schnell Tschüss sagte zu mir, kriege ich nicht mehr aus meinem Kopf. Ich vermeide heute viele Konflikte, um dies nicht wieder zu erleben.

Mann mit unterdrückter Aggression

Es ist zum Verrücktwerden. Anstatt einander einfach zu lieben, zu wertschätzen und auf Händen zu tragen, fügen wir uns in Beziehungen Wunden zu. Es tut weh, wenn ein Partner fremdgeht, wenn er uns abwertet, wenn er lügt, wenn er unser Vertrauen missbraucht. Sie können der Liste sicherlich eigene Punkte hinzufügen. Wieso gelingt es so selten, reinen Tisch zu machen und zu vergessen? Wieso kommen diese Gefühle immer wieder hoch und nehmen der Beziehung die Leichtigkeit?

In der Beratungspraxis erlebe ich zwei Beweggründe dafür, dass alte Wunden nicht so leicht verheilen. Erstens können Wunden als Machtmittel und zweitens als Beziehungskitt innerhalb einer Partnerschaft genutzt werden.

Alte Wunden als Machtmittel und Beziehungskitt

Wenn ein Partner dem anderen Partner – im übertragenen Sinne – eine Wunde schlägt, dann tut es weh. Normalerweise sagt man dann, dass es einem leid tue, und fragt, ob man es irgendwie wieder gutmachen könne. Bei neunzig Prozent aller emotionalen Verletzungen, die Paare sich zufügen, lässt sich das so regeln. Und dann gibt es da die zehn Prozent, wo es nicht klappt.

Hier wird die Entschuldigung nicht bewilligt; Verzeihen kommt nicht in Frage, die Wiedergutmachung reicht nie aus, die Wunde wird schließlich als Mahnmal gepflegt: Sie wird immer wieder bewusst oder sogar strategisch genutzt, um dem Partner ein schlechtes Gewissen zu bereiten, kombiniert mit der Aufforderung: „Du bist mir noch etwas schuldig!"

Der verwundete Partner hat somit ein Machtmittel in der Hand. Indem er sich auf die alte Wunde beruft und die Vergebung verweigert, hat er etwas beim Partner gut. Das wirkt bei einigen Paaren wie ein Klebstoff, der gelöst werden muss. Die zwei Fragen, die ich einem verwundeten Partner in meinen Beratungen stelle, lauten:

- Was haben Sie davon, die Wunde immer wieder aufs Tablett zu bringen?
- Was wäre, wenn Sie vergeben würden?

„BEWEIS MIR, DASS DU ES NICHT SO GEMEINT HAST!"

Eine Frau erzählte unter Tränen, dass sie unaufhörlich in stressigen Situationen mit ihrer zweijährigen Tochter daran denken müsse, dass ihr Partner damals, als er von der Schwangerschaft erfuhr, spontan ausrief: „Muss das sein?"

Hintergrund dafür war, dass er gerade eine Beförderung angenommen hatte. Seine Karriere fing gerade an so richtig zu zünden. Da passte ihm das Baby nicht in den Plan – wohl aber in sein Herz! Er hatte beteuert, dass er sich freue, Vater zu werden. Dass es sein Traum sei, mit ihr ein Kind zu haben und Familie zu leben.

Sie war jedoch von dem spontanen Ausruf verletzt. Alles danach kam gar nicht mehr bei ihr an. Erst Tage später gelang es ihr, seine Freude auf das gemeinsame Kind anzunehmen – aber stets unter Vorbehalt, denn die Wunde war da.

Er startete beruflich durch, sicherte das Familieneinkommen und die neue größere Wohnung. Sie verzichtete auf ihren nächsten Karriereschritt und nahm zwei Jahre Elternzeit. Er war ein fürsorglicher Vater, zugleich ruhte die Hauptlast der Betreuung und des Familienlebens auf ihr. Wenn sie der Meinung war, er müsse mehr für die Familie tun, holte sie den Ausruf von vor 24 Monaten hervor: „Beweise mir, dass du es damals nicht so gemeint hast."

Ihn nervte das zunehmend. „Kannst du mir nicht endlich nach zwei Jahren glauben!", sagte er in der Beratung aggressiv zu ihr. Nein, sie wollte ihm nicht glauben, denn dann hätte sie kein Druckmittel mehr ihm gegenüber gehabt. Stattdessen hätte sie sich damit auseinandersetzen müssen, welchen Anteil sie daran hatte, dass das Familienleben auf ihren Schultern lastete. Sie wäre mit ihrem Dilemma konfrontiert gewesen, auf der einen Seite gern Mutter zu sein und auf der anderen Seite ihre Karriere wieder in Gang zu bringen. So appellierte sie einfach an das schlechte Gewissen ihres Mannes, wenn es ihr zu viel wurde.

Das gute Ende der Paarberatung war dann, dass die Frau bereit war, sich ihren inneren Konflikten zu stellen und sie für sich und als Paar zu lösen. Dadurch brauchte sie sein schlechtes Gewissen als Beziehungskitt nicht mehr. Das neue Bindungsmittel wurde die partnerschaftliche Verantwortung für das Kind und die jeweiligen Karrieren.

Die Wunde hinter der Wunde

Viel schwieriger ist es, wenn ein Partner eine Wunde schlägt, ohne es zu wissen. Wir kommen alle verwundet aus unserer eigenen Kindheit. Jeder trägt sein Päckchen oder seinen Rucksack an erlebten Grenzüberschreitungen, Missachtungen, Narben und emotionalen Verletzungen.

In einer Beziehung kommt es zwangsläufig dazu, dass ein Partner die alten Wunden berührt. Sie sind sich ja nah, Sie öffnen sich Ihrem Partner. Eine Kindheitswunde merken Sie sofort daran, dass der Partner auf eine Äußerung oder körperliche Berührung offensichtlich überreagiert. Das ist nicht wertend gemeint, „überreagiert" bedeutet nur, dass er eine Reaktion zeigt, die für sich genommen über das Ziel hinausschießt. Dann haben Sie ein Anzeichen dafür, dass unter der Wunde eine ganz andere ältere Verletzung schlummert.

Spirituell gesehen suchen wir uns fortgesetzt Partner, die uns an die alten Wunden erinnern. Aus nur einem Grund: Damit wir sie überwinden können, Wir wollen sie heilen, indem wir uns der Wunde stellen. In der spirituellen Theorie geht das ganz einfach: Die Wunde erkennen, spüren und loslassen.

In der Praxis ist das mit Ängsten und Schmerzen verbunden. Es gibt Wunden, die sind so groß, dass man sie nicht einfach spirituell lösen kann. Hier bedarf es professioneller Hilfe, einer Therapie auf profunder psychologischer Basis – gern mit einem Schuss Spiritualität. Meine Selbsterfahrung mit meinen Wunden hat mir gezeigt, dass die reine wissenschaftliche Psychologie oder die reine Spiritualität mich nie weitergebracht haben. Die Mischung war und ist für mich die richtige Rezeptur.

Wenn Sie also in Ihrer Beziehung mit alten Kindheitswunden in Berührung kommen, dann sehen Sie dies als eine Chance, diese zu heilen. Langsam und in Ihrem Tempo. Für Ihren Partner ist eine Information sehr wichtig: „Du tippst da bei mir eine alte Wunde an. Das tut sehr weh. Bitte achte darauf!" Wie Sie in der Partnerschaft noch offener damit umgehen können, lesen Sie weiter hinten im Abschnitt „Meine Gebrauchsanweisung – so ticke ich".

MITTEL GEGEN ALTE BEZIEHUNGSWUNDEN

- Wenn Sie eine offene Beziehungswunde oder -narbe haben, dann zeigen Sie diese. Wunden brauchen Luft, damit sie heilen können.
- Sprechen Sie direkt und zeitnah Ihren Partner an, dass er sie verletzt hat. So hat er die Möglichkeit zu reagieren. Verschleppte Wunden, die erst Wochen oder Jahre später gezeigt werden, heilen umso langsamer.
- Vergessen Sie den Spruch „Die Zeit heilt alle Wunden." Er ist eine Lüge. Zeit alleine heilt keine Wunden; Zeit unterstützt die Heilung, wenn die richtige Medizin gefunden wurde. Verdrängen ist keine Medizin.
- Seien Sie ehrlich zu sich selbst: Nutzen Sie die Wunde als Druckmittel in der Beziehung? Wenn ja, dann hinterfragen Sie, was Sie davon haben und wie Sie es anders lösen könnten.
- Wenn die Wunde durch den Partner nur an der Oberfläche einer eigenen großen Kindheitswunde kratzt, nehmen Sie dies als Chance, diese zu heilen, indem endlich Luft an sie herankommt.

EROTIK UND SEX: WAR DA MAL WAS?

Die Zeiten, wo er Sie umwarb und sich Zeit nahm für ein zärtliches Vorspiel, sind lange her? Heute nur noch Routine oder gehetzt zwischen Tür und Angel? Erotik und Sex sind mit der Familiengründung erst einmal geparkt – müssen aber nicht zum Dauerparker werden.

Frauen wollen Zärtlichkeit und dann Sex.
Für Männer ist Sex gleich Zärtlichkeit.   Weisheit aus einem Frauenmagazin

Dass Frauen und Männer beim Sex unterschiedlich ticken, ist kein Geheimnis. Es macht die Begegnung der Geschlechter ja gerade aufregend und prickelnd. Nur je länger Sie das Bett mit Ihrem Partner teilen, umso mehr wissen Sie, was er oder sie mag, welche Knöpfe gedrückt werden müssen, damit die Lust kommt oder steigt.

Alle Langzeitpaare haben die Herausforderung, ihr Sexleben am Leben zu erhalten. Einigen fällt es leicht, anderen ist es nicht so wichtig. Im Idealfall haben Sie einen Partner, der so tickt wie Sie.

Doch Eltern haben neue Hürden zu überwinden. Unabhängig von der körperlichen Genesung nach der Geburt sind frische Eltern einfach erschöpfter vom Tag. Da überwiegt oftmals die Müdigkeit die Lust. Später will man sich nicht erwischen lassen von den eigenen Kindern. Also ist der Zeitraum für zärtliche Erotik oder wilden Sex sehr begrenzt.

Im Bett herrscht nur noch Flaute

Ich bin müde vom Alltag mit den Kindern. Ich habe keine wirkliche Lust auf Sex. Ihm zuliebe mache ich halt ab und zu mit.   35-jährige Frau

Was soll ich machen? Ich liebe meine Familie, doch ich will auch mal wieder mit meiner Frau schlafen. Pornoschauen ist nicht wirklich eine Lösung.
40-jähriger Mann im Einzelcoaching

Die Sexualität eines Paares ist in vielen Fällen mit Scham versehen. Selten wird offen und freimütig im Freundeskreis darüber gesprochen. Und wenn, dann sind es eher die Frauen, die sich über ihr Schicksal austauschen. Männer reden kaum darüber.

Interessant ist gleichzeitig, dass, wenn die Sprachlosigkeit über die Paar-Erotik gebrochen ist, es nur so sprudelt an Frust, Unverständnis, geheimen Wünschen und moralischen Dilemmata. Ich habe einige Männer im Einzelcoaching erlebt, die wie befreit wirkten, als sie endlich jemandem ihre Not erzählen konnten. (Frauen kommen nicht mit diesem Thema zu mir – das scheint mir logisch, da ich ein Mann bin.)

Die Erotik- und Pornoindustrie bietet vielseitige Möglichkeiten, sich von der eigenen Bettflaute abzulenken. Wer es konkreter will, findet Seitensprung-Portale für jeden Geschmack im Netz. Was kurzfristige Aufregung und Abenteuer verspricht, führt kaum zu einer nachhaltigen Befriedigung. Die Flaute im Ehe- oder Paarbett bleibt bestehen, die Entfremdung nimmt zu. Was tun?

Die Evolution der Paarsexualität

Wir haben nirgends gelernt, über unsere Sexualität zu sprechen. In der Phase der Leidenschaft, wo unsere Hormone eine Dauerparty feierten, war dies auch nicht notwendig. Kleider runter und los war das Motto. Man erforschte seinen Partner, erlebte neue und ungeahnte Höhepunkte, und langsam spielte man sich als Paar ein: Lieblingspositionen etablierten sich, Vorspiel und Zärtlichkeiten folgten einem Muster. Und man konnte auch mal Nein sagen ohne Angst vor Partnerverlust.

Mit der Schwangerschaft bekommt die Sexualität eine neue Dimension. Männer fühlen sich oft gehemmt, während Frauen ein Feuer in sich spüren. Die Geburt ist etwas höchst Intimes. Männer erleben ihre Frauen in einer schmerzhaften und schutzlosen Situation. Viele Paare gehen gestärkt aus diesem Erlebnis hervor. Doch nach der Geburt ruht die Sexualität – das ist normal.

Mutter oder Vater zu sein und als Familie zu leben steht jetzt im Vordergrund. Die Müdigkeit, der Stress, die Verantwortung oder Sonstiges lassen keinen Raum für Sex. Am Anfang ist dafür beidseitiges Verständnis, aber dies kann sich mit der Zeit in einseitigen Frust verwandeln – bei Männern erfahrungsgemäß schneller als bei Frauen.

Höchste Zeit, darüber ins Gespräch zu kommen. Paaren, die vor der Geburt schon offen über ihre Sexualität sprechen konnten, fällt dies leichter als Paaren, die sich auch ohne Kinder schon etwas beim Sex vorgemacht haben.

Über Sex offen sprechen

Die Sexologin Ann-Marlene Henning wurde der breiten Öffentlichkeit durch ihre TV-Doku „Make Love" sowie dazugehörige Bücher für Teenager und Erwachsene bekannt. Ja, ein Aufklärungsbuch für Erwachsene! Der Erfolg zeigt, wie wenig Grundwissen viele Menschen über ihre eigene Sexualität haben. Nicht verwunderlich, denn egal ob Sie in einer Hippiekommune oder in einer katholischen Provinzfamilie groß geworden sind, die Sexualität blieb verklemmt – bei den Hippies durch den Zwang zur Freiheit, bei der religiösen Familie durch den Zwang zur Moral.

Heute leben wir endlich in einer Welt, wo sich Frauen und Männer auf Augenhöhe begegnen können – ob sie es tun, ist eine andere Frage. Bezogen auf unsere Sexualität können wir selbstbestimmt wählen, was und wie wir es gern haben. Sprechen Sie darüber!

Damit das Gespräch fruchtbar wird, müssen Sie zu Ihren sexuellen Gefühlen und Wünschen stehen. Das bedeutet, Sie sollten diese kennen, wahrnehmen und in Worte fassen. Hilfreich ist die spontane Antwort auf diese Frage: Schlafe ich mit meinem Partner, damit er Ruhe gibt, oder weil ich es wirklich will?

Wie Ihre Antwort auch lauten mag, es ist Ihr persönlicher Standpunkt. Es ist die Ausgangsbasis für ein Gespräch, wie Sie die eingeschlafene Sexualität in Ihrer Partnerschaft wieder flottmachen können. Oder aber auch, wie Sie eine Lösung finden für die unterschiedlichen Bedürfnisse in der Paarsexualität.

DIE FLAUTE IM BETT BEHEBEN

- Sprechen Sie unbedingt über Ihre Wahrnehmung Ihres Sexlebens als Paar. Was ist gut? Was fehlt Ihnen?
- Achten Sie darauf, dass das Gespräch ohne Kinder stattfindet. Ihr Sexleben geht Ihre Kinder nichts an!
- Führen Sie das Gespräch offen, also ohne gleich mit einer Lösung in der Hinterhand. Der Ablauf sollte sein: Ein Austausch über die jeweilige Wahrnehmung, dann ein Austausch über Ihre Bedürfnisse und erst danach die gemeinsame Suche nach Lösungen.
- Hilfreich ist es, wenn Sie sich an Ihr Sexleben vor der Familiengründung erinnern. Was hat Ihnen da Spaß gemacht? Was ist irgendwie verloren gegangen? Was hätten Sie gerne wieder und was kann verloren bleiben?
- Informieren Sie sich über die weibliche und männliche Sexualität. Erschreckend wenig Frauen und Männer kennen wirklich ihren Körper und das Zusammenspiel beim Sex. Starten Sie gemeinsam eine Forschungsreise in Theorie und Praxis. Hilfreiche Bücher und Webseiten finden Sie am Ende des Buches.

Affären und Seitensprünge

Nun ja, also, was soll ich sagen ... da gibt es schon einen anderen,
wir treffen uns aber nur für Sex. Mein Mann darf das nie erfahren!

Attraktive Frau Mitte 40

Wieso ich fremdgehe? Nun, ich kann da einfach alles vergessen
und mich verwöhnen lassen. Das tut richtig gut.

36-jähriger Mann mit junger Familie

Monogamie oder Polygamie? Geschlossene oder offene Beziehung? Jede Frau und jeder Mann hat hier eine persönliche Antwort. Im Idealfall sind die Ansichten identisch. Kompliziert wird es, wenn sie Treue will und er gern ein Abenteuer nebenbei hat. Das ist das klassische Klischee von einem Seitensprung. Doch die Frauen haben aufgeholt: Es gibt genug Umfragen, die belegen, dass auch Frauen sich außerhalb der Beziehung sexuell vergnügen. Zu dieser Frage gibt es also einen Geschlechtergleichstand.

Die Gründe für einen Seitensprung oder eine Affäre können extrem unterschiedlich sein:

- Flaute im Bett
- Reiz des Neuen
- Generelle Unzufriedenheit mit dem eigenen Leben
- Ablenkung vom Job- und Familienalltag
- das Gefühl, verstanden zu werden

Wenn dazu noch der richtige Moment wie eine Übernachtung in einem Hotel kommt oder Alkohol im Spiel ist, kann die Versuchung groß sein. Ob Sie fremdgehen oder eine außerpartnerschaftliche Affäre haben wollen, müssen Sie für sich entscheiden.

Interessanterweise scheint es hier eine Doppelmoral bei Paaren zu geben: Über 90 Prozent aller Verheirateten hält Monogamie für wichtig; gleichzeitig gesteht die Hälfte, dass sie bereits eine Affäre hatte. Das ist zumindest die Erfahrung der amerikanische Paartherapeutin Shirley Glass, die sich jahrzehntelang mit Untreue und deren Auswirkung auf Paare beschäftigt hat. In ihrem Buch „Die Psychologie der Untreue" fasst sie eindrucksvoll zusammen, wie Affären beginnen, was passiert, wenn sie entdeckt werden, und wie Paare damit umgehen können. Zwei Aspekte stechen stark hervor:

1. Männer haben ein größeres Problem damit, wenn die Partnerin eine sexuelle Affäre hat. Frauen hingegen fühlen sich stärker betrogen bei einer emotionalen Affäre ihres Partners.
2. Wenn ein Seitensprung oder eine Affäre auffliegt, dann ist dies fast immer ein traumatisches Erlebnis für den betrogenen Partner. Traumata hinterlassen tiefe Spuren; die Heilung braucht Offenheit und Zeit. Der Heilungserfolg ist zugleich ungewiss.

Freundschaft oder bereits eine emotionale Affäre?

Gute Freundschaften sind wichtig. Sie bereichern unser Leben und geben uns Halt. Als Freunde begegnen Sie einander auf Augenhöhe und respektieren das Leben sowie die Beziehung Ihres Freundes oder Ihrer Freundin. Passen Flirten und Komplimente in eine Freundschaft? Das ist ein schwieriges Feld. Es kann einfach Ausdruck einer Sympathie und Lockerheit sein; es kann jedoch auch ein Zeichen dafür sein, dass einer der beiden unterdrückt mehr möchte. Erfahrungsgemäß spüren Sie, wieso ein Freund mit Ihnen flirtet. Es liegt also in Ihrer Verantwortung, hier Grenzen zu setzen.

Shirley Glass benutzt in ihrem Buch „Die Psychologie der Untreue" den Begriff der rutschigen Piste. Sie beschreibt damit die Gefahr des allmählichen Abgleitens in eine emotionale Affäre. Die sexuelle Anziehungskraft ist hier zweitrangig. Es geht eher darum, dass Sie sich plötzlich aufgehobener, verstandener und wohler fühlen als bei Ihrem eigenen Partner. Der potenzielle Sex ist dann nur noch das i-Tüpfelchen. In ihrem Buch gibt Shirley Glass einen Kompass, der hilft, den Status einer Freundschaft zu klären. Dazu zählen unter anderem:

- Sprechen Sie mehr mit Ihrem Freund/Ihrer Freundin als mit dem Partner/Ihrer Partnerin über Ihr Leben und Ihre Gefühle?
- Weiß Ihr Partner/Ihrer Partnerin, welche Art von Freundschaft Sie pflegen?
- Gibt es eine sexuelle Spannung in den Treffen?
- Sind Sie verliebt?

Triviale Fragen, die Sie nicht schnell und oberflächlich beantworten sollten. Spüren Sie in sich hinein: Was gibt Ihnen die Freundschaft – intellektuell, emotional, bewusst und unbewusst? Wo hilft Ihnen die Freundschaft durch schwierige Zeiten in der Beziehung und wo vermeiden Sie durch die Freundschaft die eigentliche Auseinandersetzung mit Ihrem Partner? Auch hier gibt es nur höchst persönliche Antworten, die Sie sich selber geben sollten – ehrlich und schonungslos.

Von einem können Sie ausgehen: Meistens spürt Ihr Partner, dass Sie sich emotional umorientieren. Nicht jeder will es wahrhaben, denn es bedeutet ja gleichzeitig, dass es in der eigenen Beziehung nicht rund läuft. Nehmen Sie den Beginn einer emotionalen Affäre als Anlass, mit Ihrem Partner darüber zu reden. Heilen Sie Ihren Beziehungsvirus gemeinsam, anstatt ihn zu verschleppen.

Hilfreicher Start in so ein Gespräch ist: „Ich stelle fest, dass ich mich bei XY geborgener und besser verstanden fühle als bei dir. Das erschreckt mich, denn du bist mein Partner, mit dem ich leben will. Hast du auch das Gefühl, dich anderswo besser zu fühlen? Was können wir machen, um das wieder zu ändern?"

Der Seitensprung ist da – was nun?

Wer zur Seite springt, sollte sich nicht erwischen lassen. Es gibt sicherlich eine hohe Dunkelziffer an kurzen außerpartnerschaftlichen sexuellen Abenteuern. Nur vergessen Sie bitte eines nicht: Jeder von uns besitzt einen sechsten Sinn – die Intuition. Wenn wir in einem guten emotionalen und geistigen Kontakt mit unserem Partner sind, dann spüren wir intuitiv, dass er oder sie etwas auf der Seele hat. Das sind die berühmten Fragen: „Da ist doch etwas, was dich beschäftigt? Sag mir doch, was du hast."

Wenn der Seitensprung auffliegt, dann ist alles anders als vorher. Für Ihren Partner ist das ein Schock – vergleichbar mit einem schrecklichen Verlust durch einen Unfall. Niemand ist im Moment des Geständnisses offen für Erklärungen und Reue. Für den Partner bricht gerade die Welt zusammen; der größte anzunehmende Vertrauensverlust ist eingetreten.

Wenn Ihnen daran gelegen ist, dass ein Seitensprung Ihre Beziehung und Familie nicht sprengt, dann empfiehlt Shirley Glass in ihrem Buch „Die Psychologie der Untreue" folgende Notmaßnahmen:

- Verletzte Partner brauchen absolute Gewissheit, dass eine Affäre vorbei ist.
- Alle Fragen bezogen auf die Affäre sollten ehrlich und schonungslos beantwortet werden. Wer jetzt mauert oder mit Halbwahrheiten antwortet, verbaut sich die Zukunft in der Beziehung.

Aber auch die Situation des betrügenden Partners sollte nicht übersehen werden. Dieser befindet sich beim Aufdecken der Affäre in einem emotionalen Chaos. Das Doppelleben ist zusammengebrochen, er sieht und spürt den von ihm verursachten Schmerz. Es ergibt Sinn, sich in solchen Fällen durch eine Paarberatung professionell unterstützen zu lassen – insbesondere, wenn Kinder mitbetroffen sind.

NOTFALLPLAN FÜR AFFÄREN

- Das Aufdecken einer Affäre ist ein Schock und kann traumatische Auswirkungen haben.
- Sofortige Ehrlichkeit ist die beste Methode, um wieder einen Samen für ein neues Vertrauen zu legen.
- Daher bitte keine Salamitaktik beim Gestehen, sondern schonungsloses Antworten auf alle Fragen des betrogenen Partners.
- Sind Sie bereit, jeglichen Kontakt zum Affären-Partner abzubrechen? Wenn ja, dann machen Sie es – sofort und sichtbar für Ihren Partner. Wenn nein, dann seien Sie sich bewusst, dass es schlimmer kommen wird.
- Übernehmen Sie die Verantwortung für Ihr Tun. Keiner schlittert in eine Affäre; niemand wird vom Alkohol verführt. Sie sind fremdgegangen und hatten dafür Gründe. Seien Sie offen, ehrlich und schonungslos zu sich selbst.
- Holen Sie sich Hilfe als Paar oder nur für sich. Wenn Sie wirklich die Partnerschaft und Familie nach einer Affäre halten wollen, dann ist dies eine Mammutaufgabe. Es dauert viel Zeit und es wird schmerzhafte Auseinandersetzungen geben, bevor die Wunden heilen können. Narben werden immer übrig bleiben.
- Die beste Empfehlung lautet: Bevor Sie einen Seitensprung riskieren oder eine längere Affäre beginnen, sprechen Sie mit einem vertrauten Freund oder einem externen Coach/Berater über Ihre Gründe. So verhindern Sie eventuelle Kurzschlussaktionen, die viel Schmerz – auch bei Ihnen – auslösen können.

WAS DIE PARTNERSCHAFT BELEBT

Die Liebe ist einfach da, aber Beziehungen brauchen Dünger, damit sie am Leben bleiben. Paare mit Kindern sind sehr stark vom Alltag in der Familie und im Job bestimmt. Umso notwendiger ist es, exklusive Paarzeiten zu pflegen, um sich nicht im Alltagstrott zu verlieren. Sie finden hier eine Übersicht bewährter Belebungsimpulse für Ihr Paarleben.

Kommunikation, kinderlose Zeiten und spontane Aktionen:
Das ist unser Survival-Kit, um als Liebespaar zwischen Kindern
und Karriere zu überleben. Bisher klappt es ganz gut.

Doppelverdiener-Paar mit zwei Kindern (4 und 6)

Sie finden in jeder Buchhandlung meterweise Ratgeber, wie Sie Ihre Beziehung retten, am Leben halten oder vertiefen können. Eines davon halten Sie gerade in den Händen. Es scheint einen großen Bedarf an Tipps und Tricks für eine haltbare Liebe zu geben.

Aber es ist wie bei den Diäten zu Jahresanfang: Immer wieder kommt es zu dem berühmten Jo-Jo-Effekt: kurzfristige Gewichtsabnahme, um danach wieder mit dem falschen Essen zuzulegen. In Beziehungen ist das ganz ähnlich: Da wird ein kinderfreier Paarabend pro Woche organisiert, und nach zwei bis drei Wochen lässt man es wieder – der Alltag und die Bequemlichkeit haben gesiegt.

Paarliebe braucht Ihre nachhaltige Aufmerksamkeit – nicht rund um die Uhr, dennoch regelmäßig und zuverlässig. Ob der Garten Ihrer Beziehung blüht und wächst oder vertrocknet und verwildert, liegt ganz an Ihnen. Ohne Ihr Mittun wird es nicht gelingen. Die gute Nachricht ist, es genügen oft Kleinigkeiten, wenn sie aus dem Herzen kommen.

Mit guter Pflege rostet Ihre Liebe nicht

Jeden Samstag bringt mir mein Mann seit der Hochzeit
frische Blumen vom Markt mit. Ich liebe Blumen.

Ehefrau, seit 16 Jahren verheiratet

Egal wie der Tag war, am Abend umarmen wir uns schweigend
und spüren den Herzschlag voneinander. Das gibt mir Kraft.

Ehemann, seit fünf Jahren verheiratet

Der Paarberater und Gründer von familylab Deutschland, Mathias Voelchert, vergleicht in seinem Buch „Zum Frieden braucht es zwei, zum Krieg reicht einer: Wie Paare Konflikte in Liebe lösen" Beziehungen mit einem Oldtimer. Ob Sie am Ende, wenn die Kinder aus dem Haus sind, eine Rostlaube oder ein hochwertiges Glanzstück in Ihrer Garage stehen haben, hängt von Ihrer Pflege ab.

Was Liebe braucht

„Es ist, was es ist, sagt die Liebe", so Erich Fried in seinem bekannten Gedicht „Was es ist". Also braucht die Liebe nichts? In der religiösen oder spirituellen Dimension ist das so. Doch in der unmittelbaren Paarbeziehung, wo es um Sie und Ihren Partner geht, scheint es sinnvoll zu sein, die Liebe zu nähren. Und im Alltag zwischen Windeln und Hausaufgaben auf der einen Seite und Meetings und Projektdruck auf der anderen braucht die Liebe Luft, um atmen zu können. Die gute Botschaft vorneweg: Liebe geht selten einfach verloren. Oft wird sie nur überdeckt von den Anforderungen, die sich Ihnen in Familie und Beruf stellen. Damit Ihre Liebe wieder blühen kann, braucht es Licht und Luft.

Sie können auch nach einer längeren Phase, in der sie verloren scheint, mit einem Kraftakt die Liebe wieder freischaufeln. Wenn wir im Gartenbild bleiben, sind dies die großen Unkraut- und Baumbeschneidungsaktionen zu festen Jahreszeiten – im Familienleben vergleichbar mit den großen Jahresurlauben, wo Sie endlich einmal wieder Zeit für sich finden.

Alternativ können Sie statt Hauruck-Aktionen durch tägliche Pflege das Überwuchern der Liebe verhindern. Was Sie hierfür brauchen, sind ein geschultes Auge – Ihr Herz – sowie das richtige Werkzeug – Ihre Liebesaufmerksamkeiten.

Herzensschule

Wir leben in einer verkopften Welt. Der Zugang zu unserem Herzen geht uns im Laufe der Zeit häufig verloren. Unsere Arbeitswelt ist auf Leistung getrimmt. Je arbeitswilliger und angepasster der Mitarbeiter, umso höher das Gehalt. Provokanter gesagt: Je herzloser ein Chef, umso höher die Karrierestufe. Kommen Ihnen diese Formeln bekannt vor?

Burn-out und Co. sind dann die Stoppschilder, mit denen die Seele sagt: Es reicht! Lassen Sie es nicht so weit kommen. Wer frühzeitig im Kontakt zu seinem Herzen ist, spürt schnell die Warnzeichen, wenn Überlastung oder Selbstentfremdung drohen.

Es gibt viele Gründe, sich zu verschließen. Die Ursachen dafür sind vielschichtig, oft dienen sie dem Selbstschutz. Damit Sie mit Ihrem Herzen wieder Ihren Partner sehen – jenseits von kopflastigen Gedanken, Erwartungen, Bewertungen etc. – müssen Sie im ersten Schritt Ihr Herz selbst wiederentdecken. Dazu brauchen Sie nicht gleich auf die Couch zu einem Psychoanalytiker. Ihr Alltag als Mutter, Vater, Frau oder Mann gibt Ihnen jederzeit die Chance, sich Ihrem Herzen wieder zuzuwenden.

Der Schlüssel dafür ist Ihr Atem. Sobald sie bewusst ein- und ausatmen, herrscht kurzfristige Stille im Kopf. Das können Sie überall machen – egal ob in der U-Bahn, im Konferenzraum, am Frühstückstisch oder beim Wäschewaschen. Einfach die Konzentration auf das Einatmen und auf das Ausatmen legen. Für ein bis drei Atemzüge – das war's! In dieser Stille bekommt Ihr Herz wieder Raum, sich zu zeigen. Spüren Sie einfach beim Ein- und Ausatmen, wie es sich für Sie anfühlt – ohne Wertung oder Beurteilung.

Liebesaufmerksamkeiten

Wieso hat der mittellose Lover manchmal mehr Chancen als der reiche Schnösel? Weil er mit dem Herzen sieht und weil er es versteht, mit kleinen Aufmerksamkeiten sein Gegenüber zu berühren. Gerade beruflich erfolgreiche Paare neigen dazu, sich Ihre Liebe mit Materiellem zu zeigen. Der teure Schmuck, das Fünf-Sterne-Hotel im Urlaub lassen den Partner teilhaben an dem Erfolg.

Doch Liebe ist nicht käuflich. Liebe kommt aus dem Herzen, da gibt es keine Geldwährung. Und ja, eine teure Kette, ein tolles Hotel und was auch immer sind schöne Güter, an denen Sie sich erfreuen können. Wenn es Ihnen entspricht, dann genießen Sie es. Doch verwechseln Sie solche Sachen nicht mit Liebe. Die Aufmerksamkeiten, die die Liebe am Leben erhalten, sind kostenlos:

- der herzliche und bewusste Gute-Morgen-Kuss
- der Blick mit dem Signal: Ich liebe dich!
- die stumme und absichtslose Umarmung
- das beidseitig zugewandte Gespräch über das eigene Leben
- Zärtlichkeiten auf der Couch nach getanem Tagwerk

PFLEGE-SET FÜR IHRE LIEBE

- Wichtigster Bestandteil ist Ihr Herz! Pflegen oder finden Sie wieder Ihren Zugang zu Ihrem Herzen. Hilfreicher erster Schritt ist die Konzentration auf die Atmung, da Sie damit den Kopf für kurze Zeit ausschalten. Wer weitergehen möchte, findet gerade in fernöstlichen Angeboten Körper- und Meditationstechniken, die zur Herzöffnung beitragen (Yoga, Qi Gong oder Tai Chi).
- Achten Sie auf Liebesaufmerksamkeiten, die Sie täglich Ihrem Partner geben. Es geht um kleine körperliche Zuneigungen und die bewusste Aufmerksamkeit für Ihren Partner. Das Gefühl, wertvoll füreinander zu sein, trägt Sie durch Ihren Familien- und Karrierealltag.

Zeit für sich und als Paar

Wir nehmen uns einen Samstag pro Monat nur für uns als Paar.
Die Kinder sind dann bei den Großeltern. Wir planen nichts,
wir lassen uns einfach treiben. Das wirkt wie eine Frischzellenkur.

Paar mit zwei Kindern

Während Sie sich in der Rushhour Ihres Lebens befinden, buhlen Kinder und Karriere um Ihre Aufmerksamkeit. Die Gefahr besteht, dass Sie nur noch funktionieren; Zeit für Aufmerksamkeit, Liebe und Zärtlichkeiten werden Mangelware.

Wir brauchen Zeit für uns, damit wir mit ganzer Aufmerksamkeit beim Partner, der Familie oder auch Freunden sein können. Erlauben und gönnen Sie sich Zeit für sich. Erwecken Sie eingeschlafene Hobbys wieder zum Leben; besuchen Sie Freunde; buchen Sie ein Wellness-Wochenende nur für sich; gehen Sie in die Berge oder an den Strand – alleine.

X-mal höre ich den Einwand in Beratungen: „Das geht doch nicht! Meine Verpflichtungen lassen mir keinen Spielraum!" Doch, das geht – wenn Sie wollen. Es ist eine Frage der Prioritäten und persönlichen Abgrenzung, ob Sie sich Zeit für sich und Ihren Partner nehmen wollen.

Wieso Zeit für sich selbst so wichtig ist

Gelungene Partnerschaften beruhen darauf, dass sich zwei Menschen lieben. Ausgangspunkt für eine herzliche Liebe ist die Selbstliebe. Wenn Sie sich lieben, so wie Sie sind, mit allen Ihren Stärken und Schwächen, dann können Sie auch Ihren Partner mit all seinen Special Effects lieben.

Das bedeutet übrigens nicht, dass Sie alles gut finden müssen bei sich oder Ihrem Partner. „Gut" und „schlecht" sind Bewertungen. Liebe wertet nicht, sondern akzeptiert, was ist – wertfrei. Sie dürfen sich also getrost ständig weiterverändern. Es wäre doch sehr schade, wenn Sie mit Ihrer Entwicklung und Selbstentfaltung bereits fertig wären.

Wichtig für die Selbstakzeptanz und Liebe ist, dass Sie sich kennenlernen, spüren, Zeit mit sich verbringen – ohne Ablenkungen. So schaffen und kultivieren Sie Ihren inneren Ruhepol, der Sie durch stürmische Zeiten führt.

Wir sind in der heutigen Welt umgeben von großen Verlockungen, die uns ablenken, oder besser, von uns selbst weglenken. Alles und jeder will unsere Aufmerksamkeit. Je mehr Außenschau wir halten, umso geringer ist unsere Innenschau. Doch das Äußere hat Einfluss auf das Innere und umgekehrt. Alles, was Sie mit Ihren Sinnen aufnehmen, muss verdaut werden – egal ob es reale oder geistige Nahrung ist. Ein fettiges Essen liegt Ihnen im Magen; ein Psychothriller am Abend erschwert Ihnen den Schlaf.

Das Schöne ist, nicht nur das Äußere beeinflusst unser Innenleben, sondern unser Inneres strahlt nach außen zurück. Wenn Sie auf sich achten, dann gehen Sie eine Beziehung zu sich selbst ein. Sie steigern Ihr Selbstwertgefühl und werden unabhängig von äußeren Impulsen. Was gibt es Schöneres, als einen Partner zu haben, der sein Selbstwertgefühl bereits mitbringt und es nicht verzweifelt in der Paarbeziehung oder in der Karriere sucht? In diesem Sinne sind bewusste Zeitfenster, die Sie nur für sich selbst nutzen, eine sinnvolle Investition in Ihre Partnerschaft.

BACK TO THE ROOTS

In meine Beratung kam ein 35-jähriger Vater. Das zweite Kind war auf dem Weg. Er hatte gerade eine Abteilungsleiterposition in einem Verlag bekommen. Im Verlag wurde der Startschuss für eine digitale Offensive gegeben, in der mein Klient fachlich eine wichtige Rolle spielte.

Sein Dilemma war, dass er im Job gespiegelt bekam, nicht zu über hundert Prozent dabei zu sein, obwohl gerade dies von ihm erwartet wurde. Zu Hause wünschte sich seine Frau mehr Anteilnahme am Familienleben – die klassische Rushhour des Lebens, in der Familie und Karriere gleichzeitig die volle Aufmerksamkeit haben wollen. So fuhr er mit überhöhter Geschwindigkeit durchs Leben und spürte, wie er an Energie verlor.

Während des Persönlichkeits-Coachings erzählte er, dass er früher viel Musik gemacht hätte, als Songwriter und mit Auftritten bei Festivals. Doch das war über sieben Jahre her. Für ihn persönlich war dies eine sehr erfüllende Zeit gewesen. Gitarre spielen gab ihm Ruhe, Kraft und Selbstvergessenheit und sorgte für perfektes Abschalten.

Genau hier setzten wir in der Beratung an. Indem er sich eine Stunde pro Woche zurückzog, um nur für sich wieder Gitarre zu spielen, konnte er wieder auftanken. Davon profitierten auch seine Frau und das Kind, da er gelassener wurde. In seiner Führungsaufgabe im Job wurde er sicherer, weil er wieder einen besseren Zugang zu sich selbst gefunden hatte: Er war nicht mehr getrieben von der Arbeit, sondern wurde Gestalter seiner Arbeit.

Das Beispiel zeigt die Kraft der Rückbesinnung nach innen zu dem, was Ihnen wirklich am Herzen liegt. Ihre Partnerschaft wird davon nur gewinnen, denn es steigt immens die Chance, dass Sie sich wirklich als Frau und Mann begegnen und nicht als zwei vom Alltag getriebene Menschen.

Bewusste Zeit miteinander bringt Kraft

Sie sind täglich ein Team – mehr oder weniger. Sie wachen morgens gemeinsam auf, kümmern sich um die Kinder, gehen zur Arbeit, telefonieren oder senden sich über den Tag verteilt Nachrichten, organisieren den Familieneinkauf, Elternabende und Spielfreunde der Kinder, treffen sich am Abend wieder und fallen erschöpft auf die Couch vor den Fernseher oder gleich ins Bett. Mit dem nächsten Klingeln des Weckers geht es von vorne los. Wo bitteschön bleibt da Zeit als Paar?

Die Paarzeit müssen Sie sich nehmen. Sie wird nicht zu Ihnen kommen. Kein Kind sagt „Mami, jetzt genieß mal Zeit mit dem Papa." Kein Arbeitgeber wird Sie darauf hinweisen, dass es jetzt an der Zeit ist, nach Hause zu gehen, um die Partnerschaft zu pflegen. Sie haben nur 24 Stunden am Tag, Es liegt an Ihnen, ob Sie sich durch diese Zeit hetzen lassen oder sie in Ihrem Sinne gestalten.

Neben täglichen kleinen Aufmerksamkeiten als Paar – sozusagen Sekundenliebe – sollten Sie sich pro Woche oder Monat feste Zeiten vornehmen, die kinder- und jobfrei sind. Das bedarf Ihrer Organisation. Sie brauchen vielleicht einen Babysitter und einen Plan, was Sie als Paar machen wollen.

Mein Tipp: Gehen Sie ruhig planlos in die Paarzeit. Damit meine ich, Sie müssen sich nicht zum Kino oder Essen verabreden. Gehen Sie einfach aus dem Haus, lassen Sie Ihre Mutter- und Vaterrolle zurück und schauen Sie, was passiert zwischen Ihnen als Frau und Mann.

Wichtig: Kinder und Job sind als Gesprächsthemen tabu! Was passiert dann mit Ihnen? Was entwickelt sich zwischen Ihnen? Was entdecken Sie wieder oder neu? Wird es ein Spaziergang mit einem spontanen Gespräch? Wird es eine Runde gemeinsames Schweigen – vertraut und liebevoll?

Seien Sie einfach offen für die magischen Momente zwischen Ihnen. Die kommen nicht vom Himmel gefallen, sondern steigen wie ein Sonnenaufgang langsam auf. Womöglich gibt es noch Wolken, die die Sonne verdecken. Oder es muss noch ein reinigendes Gewitter kommen, bevor Sie sich klarer sehen. Doch seien Sie sicher: Wenn Sie dem Raum geben, dann wird Ihre Paarsonne aufsteigen. Die Strahlen spenden Ihnen Geborgenheit und Kraft in Ihren täglichen Aufgaben als Elternteil und im Job.

ZEITHOHEIT ZURÜCKGEWINNEN

- Planen Sie regelmäßige Zeit für sich selbst und für sich beide als Paar ein.
- Von der Priorität stehen diese Zeitfenster ganz oben auf Ihrer Liste. Sorgen Sie für Regelmäßigkeit dabei.
- Lassen Sie unwichtige Aufgaben liegen oder delegieren Sie diese.
- Reaktivieren Sie eingeschlafene Hobbys oder Aktivitäten als Paar.
- Erlauben Sie sich, als Paar Zeit zu haben ohne Plan. Einfach so, nur Sie und Ihr Partner!
- Wenn Sie möchten, besorgen Sie sich einen Ratgeber zum Zeitmanagement. Dort finden sich immer wieder hilfreiche Impulse, wie Sie Prioritäten setzen können und Zeitdiebe loswerden.

Frau und Mann sein – statt Mutter und Vater

Wenn mein Mann und ich ausgehen, dann brezel ich mich auf
für ihn. Ich finde es schön zu sehen, dass ich ihm als Frau gefalle.

32-jährige Mutter eines Kindes

Klingt altmodisch, aber das Türaufhalten ist für mich immer wieder
eine höfliche und männliche Geste an meine Frau.

52-jähriger Vater dreier Kinder

In den ersten Jahren nach der Geburt gehen Frauen und Männer sehr gern in der neuen Elternrolle auf. Sie finden ihre Art, Mutter oder Vater zu sein; sie genießen das Familienglück und bewältigen gemeinsam als Elternpaar die neuen Herausforderungen.

Das, was uns als Frau oder Mann ausmacht, geht innerhalb des Familienlebens leicht verloren. Wenn Sie nicht aufpassen, dann absorbieren die neuen Rollen als Mutter oder Vater Sie zu hundert Prozent. Es bleibt kein Platz mehr für die Frau in der Mutter oder den Mann im Vater.

Spätestens wenn Ihr Kind zwei oder drei Jahre alt ist, sollten Sie wieder das Feuer in der Frau-Mann-Beziehung entfachen. Das bedeutet konkret: Sie brauchen kinderlose Zeit für sich alleine und dann auch zu zweit.

Ein schleichender Verlust

In der Regel ist der Mann als Hauptverdiener nicht so präsent in der Familie wie die Mutter, die zu Hause ist oder in Teilzeit arbeitet. Natürlich gibt es auch andere Modelle, wo die Frau Hauptverdienerin ist und der Mann mehr Familienarbeit leistet oder wo beide in Teilzeit arbeiten. Doch diese Varianten sind statistisch gesehen in der absoluten Minderheit – leider.

Männern fällt es daher leichter, ihre Männlichkeit auszuleben, da sie im Job gefordert sind. Dort können sie als Mann agieren und werden auch so wahrgenommen. Am Abend und am Wochenende schlüpfen sie in die Vaterrolle – mehr oder weniger. Kernpunkt ist, dass das Mannsein an sich nicht ganz verloren geht nach der Geburt eines Kindes. Männer können sich in beiden Welten bewegen.

Bei Frauen ist sehr oft zu beobachten, dass sie anfänglich ganz und gar in der Mutterrolle aufgehen. Doch sollte dies nur eine Phase sein, sonst ist die Beziehung gefährdet. Ich sage es einmal sehr provokant aus männlicher Sicht: „Als Mann will ich eine für mich attraktive Frau haben und nicht nur die Mutter meines Kindes."

Wenn ich diesen Satz in meinen Vorträgen vor Eltern äußere, ernte ich aus dem Publikumein Potpourri aus Beifall, nachdenklichen Gesichtern, Widerspruch und Macho-Vorwürfen. Wie gesagt, es ist eine bewusste Provokation. Denn zu häufig erlebe ich in der Paarberatung, dass Männer beklagen, dass sie ihre Frau an die Kinder verloren haben, und genauso beklagen Frauen, dass sie ihren Mann an die Karriere verloren haben.

Beide Geschlechter bemängeln also den Verlust des anderen. Da ergibt es Sinn, dass Sie sich selbst finden und sichtbar machen für den Partner.

Entdecken Sie Ihr Frau- oder Mannsein wieder

Der Ausgangspunkt für die Wiederbelebung als Frau und Mann ist kinderlose Zeit – allein und gemeinsam. Allein bedeutet: ohne Ihren Partner. Gern zusammen mit Freundinnen, Sportkameraden oder wem auch immer. Es geht darum, dass Sie neue Impulse und Aufmerksamkeiten bekommen, die jenseits der Familien- und Kinderwelt liegen.

Übrigens: Ihren Kindern tut es sehr gut und es erleichtert sie, wenn sie nicht die einzige Quelle an Aufmerksamkeit und Freude für Sie sind. So können sich Ihre Kinder entwickeln und entfalten; sie spüren und wissen, dass es der Mutter oder dem Vater als Mensch gut geht. Kinder wünschen sich keine Eltern, die Glucken sind. Kinder wollen und brauchen Eltern, die da sind und gleichzeitig immer mehr Freiraum schaffen – also loslassen. Diesen Freiraum nutzen Sie bitte unbedingt für sich und als Paar!

In der Beratung erlebe ich oft, dass Frauen sagen, sie wollen unbedingt nach der Familiengründung weiterarbeiten, damit sie nicht nur Mutter sind. Das kann ich sehr gut nachvollziehen. Das tut der Beziehung auch gut, denn beide Partner haben dadurch ein externes Lebensfeld, in dem sie neben der Elternrolle agieren können. Wichtig ist nur, dass noch Zeit für das Paarleben bleibt. Um das zu gewährleisten, sind der Fantasie keine Grenzen gesetzt.

EIN DATE WIE FRÜHER

Eine Frau erzählte mir eine gute Idee, die ihr und ihrem Mann half, das Paarfeuer wieder zu entfachen. Hintergrund: Sie hatten gemeinsam zwei Kinder, er arbeitete Vollzeit in einer 50-Stunden-Woche; sie war selbstständige Texterin.

Alle zwei Wochen verabredeten sie sich zu einem Date. Das konnte in einem Restaurant sein, im Kino, im Park oder irgendwo sonst. Abwechselnd war einer der beiden dran, sich einen Treffpunkt oder eine Aktion auszudenken.

Der Clou war, dass sie sich vor dem Date nicht mehr sahen. Das heißt, beide kamen direkt von der Arbeit oder von zu Hause zum verabredeten Treffpunkt. Somit hatte jeder die Chance, sich für den anderen und das eigene Wohlempfinden herauszuputzen. Plus: Im Gespräch waren Kinderthemen tabu. Sie unterhielten sich über den Inhalt des Kinofilms oder das Konzert, das sie gerade gesehen hatten, und sprachen darüber, wie es ihnen gerade ging – als Frau und Mann, Flirten inklusive – es knisterte wieder in der Beziehung.

Familien-, Karriere- und Paarleben im Gleichgewicht zu halten ist schwer. Und nicht immer gelingt es, die Balance zu halten. Das ist ganz normal. Wenn die Kinder krank sind oder wegen einer Entwicklungsphase viel Aufmerksamkeit brauchen, dann schlägt das Pendel in Richtung Elternrolle. Wenn im Job die Hütte brennt oder ein Karriereschritt ansteht, dann geht das Pendel beim Hauptverdiener in Richtung Jobrolle.

Beide Male schlägt das Pendel aus und beide Male auf Kosten des Paarlebens. Das können Paare aushalten; eine Beziehung trägt solche Phasen. Doch es sollten Phasen bleiben, sonst geht bei der Paarbeziehung das Licht aus. Darunter leiden dann auch die Familie und die Leistung auf der Arbeit.

WIEDER PAAR SEIN TROTZ DER KINDER

- Wann fühlen Sie sich als Frau oder Mann gesehen? Suchen Sie diese Momente und genießen Sie sie.
- Sieht Ihr Partner Sie noch als Frau oder Mann? Oder sind Sie „nur" Mutter, Vater oder weg, da auf Arbeit? Ist dies der Fall, dann steuern Sie schnellstens dagegen. Die Entfremdung als Paar ist schleichend, aber zugleich mächtig, je weiter sie fortgeschritten ist.
- Erinnern Sie sich daran, was Sie früher vor der Familiengründung an Ihrem Partner attraktiv fanden und was Ihnen gemeinsam Spaß gemacht hat. Reaktivieren Sie das.
- Planen Sie feste kinderlose Zeiten ein – wöchentlich oder zumindest zweimal im Monat. Familienthemen sind hier tabu. Es ist Ihre Zeit mit Ihrer Frau oder Ihrem Mann. Es geht nur um Sie. Sie werden staunen, wie viel Themen es neben den Kindern gibt!

Die Kraft der Erinnerungen

Wir haben unsere Liebe in Fotos dokumentiert. Es wärmt uns immer wieder das Herz, wenn wir die Bilder sehen.

Ehepaar, seit neun Jahren verheiratet, zwei Kinder

Unser Leben wird getragen von unseren Erinnerungen – den bewussten und unbewussten. Mit dem ersten Atemzug speichern wir Erlebnisse und Verhaltensweisen in uns ab, im Gedächtnis und zusätzlich im Körper.

Erinnerungen sind wie eine Medaille; sie haben zwei Seiten. Erinnerungen an schöne Zeiten tragen uns durch Krisen; mit Erinnerungen können wir an innere Kraftressourcen andocken. Auf der anderen Seite gibt es die Erinnerungen, die wir nicht haben wollen, unschöne Erlebnisse, die sich in unser Gedächtnis eingebrannt haben. Da läuft uns dann ein kalter Schauer den Rücken herunter, wenn wir nur daran denken.

Pflegen Sie positive Erinnerungen

In der Liebe gibt es viele Erlebnisse, die sich lohnen, in Erinnerung gehalten zu werden:
- die erste Begegnung
- das erste Kribbeln im Bauch
- die ersten Worte
- das erste Wiedersehen
- das erste Date
- der erste Kuss
- der erste Sex
- der erste Urlaub
- die erste gemeinsame Wohnung
- der erste Streit mit Versöhnung

- der Heiratsantrag; die Hochzeit
- der Honeymoon
- die Zeugung des ersten Kindes, des zweiten ...
- die Geburten der Kinder
- Ihre persönlichen Liebeshighlights

Verstehen Sie mich nicht falsch: Sie sollen nicht an der Vergangenheit kleben. Doch *erste* gemeinsame Erlebnisse bleiben uns im Gedächtnis haften. Und wir können das Gefühl von damals auch noch reaktivieren. Es lohnt sich, dieses Potenzial zur Erhaltung der Liebe zu nutzen.

Sie können aktiv Jahrestage der Liebe pflegen, Tage, an denen Sie sich bewusst Zeit für sich als Paar nehmen. Der Klassiker sind Hochzeitstage – und umso größer die Enttäuschung, wenn er vergessen wird. Orte lösen Erinnerungen aus. Wenn Sie zufällig an dem Ort des ersten Kusses vorbeikommen, dann spricht nichts gegen eine spontane Wiederholung. Es muss auch kein Zufall sein; einige Paare suchen bewusst Orte ihrer Liebe auf, um alte Gefühle aufzufrischen oder schweigend Hände zu halten mit einem Lächeln im Gesicht.

Egal welche Variante Sie wählen, egal was zu Ihnen und Ihrem Partner passt, das Erinnern an schöne Momente stärkt die Verbundenheit. Gerade in den Zeiten, wo Sie wenig Zeit für sich als Paar haben, da Kinder und Job Sie sehr beanspruchen, sind kurze *gemeinsame* Erinnerungen wie eine Frischzellenkur für die Liebe.

Eine kleine Nebenwirkung ist inklusive. Wir neigen dazu, Erinnerungen zu verklären, uns auf wenige Aspekte zu konzentrieren oder in der Rückschau eine einseitige Perspektive einzunehmen. Damit haben Sie ein schönes Gesprächsthema und werden Ihren Partner regelmäßig neu kennenlernen – in einer Mischung aus alten und gegenwärtigen Gefühlen.

Lassen Sie unschöne Erinnerungen heilen

Leider bestehen Beziehungen nicht nur aus schönen Erinnerungen. Liebesdramen und emotionale Verletzungen finden in unserem Gedächtnis genauso ihren Platz. Die Frage ist nur, ob Sie diese Erinnerungen am Leben erhalten oder eine Heilung in die Wege leiten.

Eine wichtige Anmerkung vorneweg. Es gibt dramatische Lebenserfahrungen, die ein Trauma auslösen können. Hier kann eine es als Abwehrreaktion passieren, dass diese Erlebnisse abgespalten werden: Die Last ist zu schwer, als dass die Person sich daran erinnern kann. Dazu zählt zum Beispiel Missbrauch in der eigenen Kindheit. Und doch melden sich diese Erlebnisse stets wieder zu Wort. Ihre Sprache finden sie häufig durch den Körper beziehungsweise in der eigenen körperlichen Gesundheit. Um hier eine Lösung zu finden, bedarf es auf jeden Fall professioneller therapeutischer Unterstützung.

Zurück zu den Erinnerungen aus Ihrer Beziehung. Wenn Sie schlechte Erinnerungen daraus am Leben erhalten, dann können Sie sich fragen: Was habe ich davon? Wenn Sie darüber in einer ruhigen Stunde nachdenken und in sich hineinspüren, welche Gefühle dabei entstehen, dann haben Sie die Chance, das Thema aufzulösen.

In Paarberatungen werden schlechte Erinnerungen gern in Form von Vorwürfen präsentiert. Das Muster ist stets gleich: „Du hast damals ...!" Die Reaktionen des Partners sind auch vorhersagbar: Augenrollen kombiniert mit dem Ausruf „Ich kann es nicht mehr hören!"

In solchen Situationen gilt immer: Wenn jemand immer wieder mit einer alten Geschichte anfängt, dann fühlt er oder sie sich bisher nicht verstanden. Das Thema ist noch nicht wirklich gelöst. In irgendeinem Winkel liegt noch eine Sache, die gesehen werden will. Hilfreich ist da ein Prozess des gegenseitigen Redens, Zuhörens und Verstehens (siehe dazu den Abschnitt „Reden, zuhören und verstehen").

„Die Zeit heilt alle Wunden" – wie schon gesagt, dieses Sprichwort ist gefährlich, da falsch. Zeit alleine heilt keine Wunden. Wenn Sie eine Verletzung in der Beziehung einfach runterschlucken, weggucken oder nicht wahrhaben wollen, besteht das Risiko, dass die Wunde anfängt zu eitern oder sich wie eine emotionale Blutvergiftung langsam in Ihnen ausbreitet. Das kann tödlich für die Liebe sein.

Deswegen ist es wichtig, dass Sie bei emotionalen Verletzungen hingucken. Nur die Kombination aus Aufmerksamkeit und Zeit lässt Wunden heilen. Aufmerksamkeit in dem Sinn, dass Sie Ihre Verletzungen wahrnehmen, ansprechen und damit zukünftige weitere Wunden vermeiden. Zeit in dem Sinn, dass langsam eine offene Wunde zu einer Narbe verwächst. Im Idealfall haben Sie dann eine schöne Erinnerung daran, wie Sie eine Verletzung gemeistert haben.

ERINNERUNGEN ALS LIEBESELIXIER

- Sprechen Sie mit Ihrem Partner darüber, was für ein Erinnerungstyp Sie jeweils sind. Lieben Sie Jahrestage oder Orte oder spontane Rückschauen?
- Entwickeln und pflegen Sie Ihre persönliche Erinnerungskultur.
- Erzählen Sie sich, wie es damals war, als Sie sich verliebten oder in den ersten Urlaub fuhren. Sie werden stets neue Details hören.
- Nutzen Sie bewusst die positive Kraft der Erinnerungen, wenn Sie sich in schwierigen Paarzeiten befinden. Erinnerungen sind wie ein Elixier, das hilft, die Liebe wieder zu entfachen.
- Achten Sie darauf, nicht an Erinnerungen zu kleben, sondern schaffen Sie unaufhörlich neue Erinnerungen durch gegenwärtige gemeinsame Paarerlebnisse.

Romantik, Erotik und Sex

Wir verwöhnen uns gerne mit Massagen.
Der Duft, das Öl und die gesamte Atmosphäre
sind sowohl entspannend als auch anregend.
Damit haben wir unsere Erotik nach der Geburt
der Kinder wiedergewonnen.

Frau und Mann mit zwei Kindern

Alltag und Routine sind der potenzielle Tod von Romantik, Erotik und Sex. Es ist ganz natürlich, dass die Hormone der Verliebtheit irgendwann abflauen; damit pendelt sich die Sexualität eines Paares meist auf das von beiden gewünschten Niveau ein. Das Gefühl von Geborgenheit und Sicherheit geht in Konkurrenz zu dem prickelnden körperlichen Verlangen.

Diese Entwicklung machen fast alle Paare mit – kein Grund zur Panik. Doch mit der ersten Schwangerschaft oder spätestens nach der Geburt des ersten Kindes bekommt der Sex einen neuen Stellenwert: Er rutscht in der Paarpriorität nach hinten.

Für Frauen ist die Geburt ein einschneidendes körperliches Erlebnis. Ich habe als zweifacher Vater an einem Kaiserschnitt und einer natürlichen Geburt teilgenommen. Doch selbst dies befähigt mich nicht zu beschreiben, wie eine Frau sich bei der Geburt fühlen mag. Deshalb lasse ich es. Viele Paare finden danach irgendwie wieder einen individuellen Weg zur Sexualität. Bei einigen geht es schnell, bei anderen dauert es Jahre. Auch hier gibt es keine Wertung.

Alarmierend wird es erst, wenn ein Partner ein Defizit spürt. Oft beginnt das bei den Männern. Die Schritte von der Wahrnehmung, An- und Aussprache bis zum ersten Sex nach der Geburt können heikel sein. Die Frau spürt den Druck des Mannes; der Mann spürt die Unlust der Frau. Keine gute Mischung.

Einige Männer flüchten sich in Pornos oder, wenn sie weitergehen, in Seitensprünge und Affären. Frauen reagieren mit Unverständnis und ziehen sich verstärkt in die Mutterrolle zurück. Das sind typische Szenarien von Paaren, die in die Beratung kommen. Soweit muss es aber nicht kommen.

Lassen Sie die Glut wieder brennen

Vergleichen wir Ihre sexuelle Liebe mit einem Feuer. Beim Verlieben verzehren wir uns nach dem anderem. Erotik und Sex findet täglich und überall statt. Die Hormone spielen verrückt, die Kleider fliegen auf den Boden und ab geht es. Das Feuer der Leidenschaft brennt lichterloh. Lange her?

Später als kinderloses Paar bekommt der Sex Routine; nur gelegentlich gibt es Ausreißer von Ihrem Muster. Sie kennen Ihr „Lieblingsbrennholz", bestehend aus erogenen Zonen, Vorspiel und Stellungen. Die Vertrautheit wärmt das Herz und lässt Sie tiefer spüren, da Sie sich geborgen fühlen. Ab und zu werfen Sie noch exotische Zutaten ins Feuer, wie Outdoor-Sex oder das gemeinsame Lesen erotischer Literatur. Auch alles schon lange her?

Mit der Schwangerschaft und nach der Geburt erlischt das Feuer kurz- bis mittelfristig. Ein Nachglühen ist aber noch da, und wenn Sie pusten, kommt eine kleine Flamme zum Vorschein. Doch das Brennholz für ein nachhaltiges Feuer fehlt. Es besteht die Gefahr, dass das Feuer ganz ausgeht. Soweit sollten Sie es nicht kommen lassen.

Erinnern Sie sich daran, dass die Glut von Ihrem gemeinsamen Feuer stammt. Und dass Sie mit gutem Brennholz daraus wieder ein schönes Feuer entfachen können. Vorsichtig und behutsam, denn ein Holzklotz wird das Feuer in der Glut ersticken, und Zweige reichen nur für ein kleines Strohfeuer.

Sex ist viel mehr

Es ist schnuppe, welchen Frauen- oder Männerratgeber Sie zur Hand nehmen, denn in einem Punkt sind sie alle eindeutig: Frauen und Männer ticken anders – insbesondere beim Sex. Eine oft gelesene Formel lautet: Frauen wollen Zärtlichkeit und dann Sex. Für Männer ist Zärtlichkeit gleich Sex. Eine andere Variante besagt, dass Männer immer können und wollen, Frauen hingegen lieber Qualität statt Quantität bevorzugen.

Prallen hier zwei Welten aufeinander? Ja. Doch der Zusammenstoß kann Wunder bewirken, denn Sex kann viel mehr sein als nur der Akt an sich. Hier kommen Romantik und Erotik ins Spiel.

Beliebt bei Paaren mit Kind und Karriere ist der Quickie. Wenn Ihnen beiden die Lust in den Sinn kommt, kann das sehr erfüllend sein. Ansonsten empfiehlt es sich, der Sexualität einen festen äußeren Rahmen zu geben. Machen Sie ein Date aus. Planen Sie genug Zeit ein und – ganz wichtig – sorgen Sie dafür, dass Sie nicht von Ihren Kindern gestört werden. Lassen Sie also Mutter- und Vaterrolle vor der Tür stehen und seien Sie wieder ganz Frau und Mann.

Ermöglichen Sie es, dass alle fünf Sinne am Genuss teilhaben:
- schöne duftende Körperöle für Haut und Nase
- animierende Musik und schöne Worte für die Ohren
- gewaschene, gepflegte und sexy verpackte Körper für die Augen und Hände
- geputzte und wohlriechende Münder für den Geschmack

Sie können Ihrer Phantasie freien Lauf lassen, wie Sie Ihre Sinne aktivieren. Doch machen Sie aus Ihrem Stelldichein ein Festmahl und kein Fastfood-Menü. Feiern Sie sich, Ihren Körper und Ihren Partner. Sie werden ein Erlebnis haben, das wunderbare Erinnerungen erzeugt, die Sie vielmals nutzen können für die nächste Durststrecke.

DAS FEUER AM LEBEN ERHALTEN

- Sprechen Sie offen und ehrlich über Ihre Bedürfnisse und Wünsche. Was ist gut und was kommt zu kurz?
- Sex hat viel mit Scham zu tun. Gehen Sie behutsam mit dem Thema um. Damit Partner sich hier ganz öffnen, müssen sie sicher sein, dass sie nicht bloßgestellt oder rüde abgewiesen werden.
- Lassen Sie als Frau den Mann an Ihrem Körpergefühl in den ersten Monaten nach der Geburt teilhaben. So kann Verständnis für die Flaute entstehen.
- Gehen Sie *gemeinsam* auf Expedition; entdecken Sie erotische Filme oder Literatur; erforschen Sie zum Beispiel tantrische Praktiken: Hier geht es nicht um Gymnastik im Bett, sondern um eine Geisteshaltung, die ganz andere intensive Gefühlswelten ermöglichen kann – jenseits von der westlichen Fixiertheit auf den Orgasmus.
- Weitere Tipps finden Sie unter „Bücher zum Weiterlesen" am Ende des Buches.

DAS KÖNNEN SIE TUN – JETZT!

Neben der Pflege der Grundstimmung in Ihrer Beziehung kommt es auf konkrete Taten an. Sie sollten handeln, statt zu warten, dass es wieder besser wird. Wichtig sind hier Ihre Kommunikation, Ihre tatsächlichen Aktionen sowie die aktive Selbsterkenntnis. Sie finden hier konkrete und erprobte Tipps – sofort anwendbar.

Unsere Rettung war, dass wir gelernt haben, offen und herzlich miteinander zu reden und zuzuhören. Zusätzlich passen unsere Worte zu unseren Taten; wir sind jeder für sich authentischer geworden. Das Ergebnis: Wir haben uns neu ineinander verliebt!

Ein Paar nach sechsmonatiger Beratung

Paare in der Krise dürfen sich nicht im Grübeln verlieren. Es geht tagtäglich darum, das Beziehungsleben neu und anders zu gestalten. Die Chancen liegen jetzt vor Ihnen – Sie müssen sie nur ergreifen!

Zentraler Knackpunkt ist die Art und Weise der Kommunikation als Paar. Wie reden Sie miteinander? Hören Sie sich überhaupt zu? Verstehen Sie Ihren Partner – oder noch provokanter: Verstehen Sie sich selbst?

Doch nur Reden bringt Sie nicht vorwärts. Um Veränderung einzuleiten, müssen Sie ins Handeln kommen. Das bedeutet auch, dass Sie

Verantwortung übernehmen. Damit Ihnen das gelingt, müssen Sie in sich selbst ruhen.

Reden, zuhören und verstehen

Wir haben die Kunst des Zwiegesprächs gelernt. Am Anfang waren unsere Zwiegespräche anstrengend und teilweise schockierend ehrlich. Doch dann haben wir gemerkt, wie wir in einen echten Austausch kamen über uns, unsere Gefühle und unsere Partnerschaft. Rückblickend hat das unsere Partnerschaft nicht nur wiederbelebt, sondern bereichert.

Ein Paar, das seit einem Jahr immer wieder das Zwiegespräch praktiziert

Faustregel: 80 Prozent von dem, was Sie sagen, wird anders verstanden. Nur 20 Prozent kommen so bei Ihrem Partner an, wie Sie es gemeint haben. Und wenn dieser dann antwortet, kommen wieder nur 20 Prozent bei Ihnen so an, wie er es gemeint hat. Und wenn Sie dann darauf reagieren ... Sie merken, die Spirale des gegenseitigen Missverstehens wächst schnell an. Daher ist es für Partnerschaften extrem wichtig, dass Sie achtsame Gespräche führen. Achtsamkeit ist eine Kunst, die Sie lernen können.

Der einfache Weg zur Achtsamkeit

Ihr Atem ist ein leichter Weg zur persönlichen Achtsamkeit. „Jetzt atmen Sie erst einmal tief durch" lautet eine häufige Reaktion auf starke Emotionen. Wenn Sie sich Ihrer Atmung bewusst werden, befördern Sie sich schnurstracks ins Hier und Jetzt. Für eine kurze Zeit pausieren Ihre Gedanken. Aus Ihren Gedanken entstehen Ihre Emotionen. Das heißt, wenn Ihre Gedanken pausieren, dann haben die Emotionen keinen Nachschub an Nahrung. Somit können aufgewallte Emotionen abflauen; Sie werden ruhiger und sehen wieder klarer.

Um sich auf den Atem zu konzentrieren, brauchen Sie keinen Meditationskurs oder eine spezielle Körperhaltung. Sie atmen durchgehend unbewusst, sonst würden Sie nicht mehr leben. Es reicht voll und ganz aus, wenn Sie sich täglich daran erinnern, sich kurz auf die Ein- und Ausatmung zu konzentrieren: bewusst einatmen – bewusst ausatmen, dreimal hintereinander. Das ist alles, hat aber eine immense Wirkung, denn so unterbrechen Sie kurz Ihre Gedankenproduktion und gewinnen Abstand zu der Situation, in der Sie sich befinden.

Wenn Sie die Technik vertiefen wollen, dann bieten sich Bücher oder Kurse rund um Achtsamkeit und Yoga an. Doch Sie brauchen dies nicht unbedingt, um achtsamer für Ihre Gespräche in Partnerschaften zu werden. Alles, was Sie hier benötigen, sind ein bis drei Minuten, in denen Sie Ihre Konzentration auf die Atmung lenken.

Das achtsame Gespräch

Im schnelllebigen Alltag, wo die berufliche Telefonkonferenz um halb neun angesetzt ist und die Kinder noch nicht fertig für den Kindergarten sind, bleibt Ihnen nichts übrig, als Informationen auszutauschen. Doch Zurufe zwischen Tür und Angel sind keine Kommunikation.

Eine Kommunikation und damit ein Gespräch zeichnet sich dadurch aus, dass Sie mit Ihrem Gegenüber sprechen, ihm zuhören und sich vergewissern, dass Sie verstanden wurden beziehungsweise Ihren Gesprächspartner verstehen. Und zwar nicht so, wie Sie es wollen, sondern so, wie es vom Absender gemeint war. Das kostet Aufmerksamkeit und Zeit.

In der Theorie spricht man hier vom aktiven Zuhören. In der Praxis bedeutet dies, dass Sie Ihrem Gesprächspartner zugewandt sind, zuhören und sich vergewissern, dass Sie in seinem Sinne das Gesagte verstanden haben. Dafür brauchen Sie einen entsprechenden Rahmen. Jedes gute Gespräch setzt voraus, dass Sie sicher sein können, dass die Unterhaltung nicht gestört wird. Also: Smartphone auf leise schalten, Tablet zur Seite legen, Fernseher ausmachen und Kinder im Bett.

Weiterhin sollten Sie Wert darauf legen, dass es genügend Zeit für das Gespräch gibt. Gespräche unter Zeitdruck arten sehr schnell zu einem Feuerwerk an gegenseitigen Missverständnissen aus, da Sie sich nicht rückversichern können, ob Sie alles richtig verstanden haben. Für ein gutes Gespräch als Paar brauchen Sie den richtigen Rahmen und Zeit (siehe hierzu den Abschnitt „Zeit für sich und als Paar").

Die Kunst des Zwiegesprächs

Der Psychotherapeut Michael Lukas Moeller hat mit „Die Wahrheit beginnt zu zweit: Das Paar im Gespräch" ein Buch geschrieben, das seit Jahrzehnten als Klassiker in der Paarberatung gilt. Seine Grundidee ist das sogenannte Zwiegespräch zwischen Paaren. Der Leitgedanke ist, dass wir kaum dazu kommen, uns richtig und verständlich auszudrücken. Manchmal entstehen unsere Gedanken und Empfindungen erst während des Redens.

Wenn wir in einem Gespräch sofort auf Einwände oder Nachfragen unseres Gegenübers reagieren müssen, dann verlieren wir unseren inneren Bezugspunkt. Das, was eigentlich gesagt werden will, versinkt wieder. Zurück bleiben bereits x-mal wiederholte Argumente, die das Paar nicht weiterbringen. Hier setzt die Methode des Zwiegesprächs an. In Stichpunkten zusammengefasst:

- Legen Sie wöchentlich eine Stunde fest, in der Sie sich ungestört und ohne Zeitdruck unterhalten können.
- Der erste Partner beginnt und erzählt 20 Minuten über sich. Das bedeutet, er spricht von sich, seinen Empfindungen, seinen Sorgen, seinen Wünschen, seinen tollen Erfahrungen und so weiter. Das Wort „du" darf nicht benutzt werden; alles ist in der Ich-Form.

- Der Zuhörer darf in dieser Zeit keine Nachfragen stellen, Informationen liefern oder seine Meinung äußern. Nur Zuhören ist angesagt.
- Nach den 20 Minuten wechselt das Blatt. Nun ist der Zuhörer der Redner. Auch er darf das Wort „du" nicht benutzen, sondern nur von sich in Ich-Form sprechen.
- Die letzten 20 Minuten können Sie zum gemeinsamen Schweigen nutzen, um das Gehörte sacken zu lassen, oder aber Sie tauschen sich jetzt in einem Dialog darüber aus, was Sie in den jeweiligen 20 Minuten als Redner und Zuhörer erlebt haben.

Natürlich gibt es vom Zwiegespräch vielfältige Varianten, die Sie anwenden können. Anregungen und Details finden Sie im Buch von M. L. Moeller (siehe „Bücher zum Weiterlesen"). Beziehungen bleiben durch Kommunikation lebendig. Jeder von uns will gesehen und als wertvoll betrachtet werden. Ein achtsames Gespräch mit offenen Ohren und unvoreingenommenem Geist ist ein zentrales Element für eine herzliche Beziehung.

Wirkliches Verständnis

Der Knackpunkt ist, verstehen Sie wirklich, was Ihr Partner meint? Und schaffen Sie es, sich selbst wirklich verständlich auszudrücken? Beginnen wir bei Ihnen. Damit Sie sagen können, was Sie meinen, müssen Sie wissen und fühlen, was Ihnen auf der Seele liegt. Sie brauchen einen authentischen Zugang zu sich selbst. Den finden Sie, wie Sie schon erfahren haben, am besten, wenn Sie Zeit mit sich verbringen – alleine!

Häufig ist das, was uns bewegt, konfus und nicht sofort in passende Worte zu packen. Die Technik des Zwiegesprächs ist eine Stütze, um den Raum für die eigene Wortfindung in einem Paargespräch zu haben. Eine andere Hilfe sind Ich-Botschaften. Damit machen Sie sowohl Ihrem Partner als auch sich selbst deutlich, dass es um Sie geht:

- Ich will ...
- Ich will nicht ...
- Mir ist wichtig, dass ...
- Mich macht traurig, dass ...

Verkleiden Sie Ihre Bedürfnisse, Gefühle und Wünsche nicht mit dem Wörtchen „man". In der Beratung erlebe ich dies sehr oft: „Man fühlt sich halt traurig." Nein, *Sie* sind traurig; das ist die eigentliche Botschaft. Wenn ich dies einbringe und auffordere, die gleiche Botschaft mit „ich" am Anfang zu sagen, kommen die Tränen. Jetzt ist das Gesagte in Kontakt mit dem Gefühl; es wird für alle – insbesondere den Partner – sichtbar und spürbar. Das gilt übrigens nicht nur für traurige oder negative Gefühle, sondern auch für Freude und Lachen.

Zur zweiten Frage: Wie stellen Sie fest, dass Sie Ihren Partner richtig verstanden haben? Ganz einfach: Fragen Sie nach! Eine sehr wirksame Frage lautet: „Fühlst du dich von mir verstanden?" Hier fangen viele an nachzudenken. Und die Antwort darauf ist der Beginn eines offenen Austausches.

Übrigens: Wenn Sie während eines Gesprächs den Impuls haben, sofort zu unterbrechen mit dem Satz „Ich weiß genau, was du meinst", dann folgen Sie diesem bitte nicht! Es ist ein Indikator dafür, dass Sie sich angesprochen fühlen und das Gesagte bei Ihnen eine Resonanz findet. Jedoch heißt dies noch lange nicht, dass Sie Ihren Partner in dem verstehen, was er ausdrücken will. Wenn Sie ihn unterbrechen, laufen Sie Gefahr, das Eigentliche, um das es geht, nicht mehr zu hören.

Kleiner Tipp: Wenn Sie oder Ihr Partner immer wieder mit der gleichen Geschichte ankommen, dann fühlen Sie oder er sich noch nicht verstanden. Das tatsächliche Thema ist noch nicht auf dem Tisch, eventuell, weil es noch zu tief verschüttet ist oder weil nicht wirklich zugehört wird.

GELUNGENE PAARGESPRÄCHE

- Das Zwiegespräch ist eine bewährte Methode, um ein tiefes gegenseitiges Verständnis für- und übereinander zu bekommen. Finden Sie einen regelmäßigen Rahmen für ungestörte Paargespräche.
- Tauschen Sie sich hier über Ihre Bedürfnisse, Empfindungen und Wünsche aus.
- Seien Sie achtsam im Gespräch. Bei aufkommenden Gefühlen – insbesondere bei Trauer und Wut – konzentrieren Sie sich auf Ihre Atmung, um Abstand zu gewinnen.
- Äußern Sie Ihre Gedanken und Gefühle in der Ich-Botschaft: „Ich bin wütend", nicht „Du machst mich wütend."

Eigene Taten statt Worte

Sei du selbst die Veränderung, die du dir wünschst für diese Welt.

Mahatma Gandhi

Das berühmte Zitat des indischen Freiheitskämpfers Mahatma Gandhi passt in jede Paarbeziehung. „Taten statt Worte" lautet das Motto für eine gelungene Beziehung.

Die Misere vieler Paare in der Krise ist, dass darauf gewartet wird, dass der Partner sich endlich einmal ändert. Sie haben sich vielleicht schon den Mund fusslig geredet und doch bleibt alles, wie es ist. Was tun?

Taten bringen Schwung

Die Zauberformel lautet: Kommen Sie vom Reden in die Tat. Beziehungen sind wie ein Mobile für Kinder. Sie kennen sicherlich diese Einschlafhilfen für Babys. Sie hängen über dem Kinderbett, bestehen aus Schmetterlingen, Blüten oder sonstigen Figuren, die an

Fäden hängen. Diese wiederum sind an Stöcken festgemacht, die sich kreuzen – eben das typische Baby-Mobile.

Wenn Sie bei einem Mobile an einer Figur zupfen, gerät das ganze Gebilde in Schwingungen. Alles bewegt sich und verändert seine Position. Genauso verhält es sich in Beziehungen. Sobald Sie Ihr Verhalten verändern, hat dies Auswirkungen auf alle Mitglieder innerhalb der Familie.

Kinder lernen von uns als Vorbild. Sie sehen, was wir tun, und ahmen uns nach. Stimmen zusätzlich unsere Worte mit unserem Verhalten überein, dann genießen wir Respekt. Wir scheinen wahrhaftig zu sein in unserem Leben. Gibt es eine Lücke zwischen dem, was wir sagen, und dem, was wir tun, dann besteht Gefahr, dass wir die Vorbildfunktion für unsere Kinder verlieren.

Wie bei den Kindern verhält es sich mit unserem Partner. Hier geht es weniger um eine Vorbildfunktion, sondern um unsere Glaubwürdigkeit.

WORTE ODER TATEN?

Angenommen, Sie stören sich daran, dass Ihr Partner im Haus raucht. Jetzt haben Sie zwei Möglichkeiten. Zum einem können Sie ihm jammernd in den Ohren liegen oder meckern, er möge mit dem Rauchen innerhalb der vier Wände aufhören. Wenn Sie ihn auf dieser Ebene nicht erreichen, da ihm das Rauchen wichtig ist und er Ihre Worte für unwichtig hält, hilft nur noch die Tat. Sie können die Küche oder das Zimmer verlassen, wenn geraucht wird, Sie können sogar übergangsweise ausziehen. Wenn Worte nicht wirken, müssen Ihre Taten sprechen.

Viele Menschen wachen erst dann auf, wenn Sie merken, dass ihr Partner es wirklich ernst meint. Die Ernsthaftigkeit wird erkenntlich durch die Stimmlage oder, falls dies nicht reicht, durch eine Konsequenz. Nicht als Strafe, sondern als Handlung für Ihr Wohlbefinden. Natürlich darf Ihr Partner rauchen, er wird nur spürbar Ihre Anwesenheit verlieren. Nun kann er eigenverantwortlich entscheiden, was ihm wichtiger ist – Sie oder das Nikotin.

Eigenverantwortung übernehmen

Damit Ihre Taten zu Ihren Worten passen, müssen Sie Eigenverantwortung übernehmen. Niemand ist für Ihre Gefühlslage, Stimmung oder Gedankenwelten verantwortlich – außer Sie selbst. Dies fällt vielen Paaren schwer, denn es ist einfacher, seinen Partner als Ursache für das eigene Glück oder Leid zu sehen.

Wenn Ihr Partner die Ursache für Ihr Glück ist, dann haben Sie einen Hauptgewinn gemacht. Nichts ist schöner, als glücklich in einer Partnerschaft zu leben. Doch wenn Ihr Glücksgefühl rein vom Partner abhängt, das heißt, wenn Sie nie ohne ihn glücklich oder zufrieden sein können, dann laufen Sie Gefahr, in eine emotionale Abhängigkeit zu geraten. Sie geben die Verantwortung für Ihre Gefühle ab. Damit geben Sie Ihrem Partner Macht über Sie – die er entweder verantwortlich oder egoistisch nutzen kann.

Wenn Ihr Partner die Ursache für Ihr Leid ist, dann haben Sie eine echte Niete gezogen. Und Sie sollten sich fragen, wieso Sie Ihrem Partner so viel Macht geben, dass er Sie leiden lassen kann.

Sobald Sie die Macht zurück nach Hause holen – also zu Ihnen selbst –, übernehmen Sie die Eigenverantwortung für Ihr Glück oder Leid. Somit haben Sie wieder Oberhoheit über Ihr Gefühlsleben und können selber steuernd eingreifen.

Gerade in Paarberatungen kommen solche Machtspiele auf den Tisch. Ein guter Berater kann Sie einzeln und als Paar unterstützen, die Verantwortlichkeiten wieder klar zu trennen und zu verteilen. Damit bekommt Ihre Beziehung wieder Luft und Kraft zum Wachsen. Die quälenden Diskussionen finden durch Taten ein Ende, Energie für Weiterentwicklung wird freigesetzt.

Natürlich ist dies mit Angst behaftet. Es ist ja nicht so, dass Sie nicht handeln könnten. Doch manchmal drücken wir uns vor der Handlung, da wir Angst vor der theoretischen Konsequenz haben. Die praktische Konsequenz ist ja noch unbekannt, davor können Sie sich nicht fürchten.

Handeln heißt Veränderung, Veränderung bedeutet Neuland. Paare, die gemeinsam wachsen, Eigenverantwortung übernehmen und ihrer Liebe immer neue Frischluft ermöglichen, sind handlungsorientiert. Taten sollten mit einfühlsamen Worten begleitet werden, damit der jeweilige betroffene Partner sich orientieren kann und die Tat versteht.

Paare, die sich in Wortgefechten verheddern und die Ursache nur beim Gegenüber suchen, verlieren leider oft den Respekt voreinander. Frust und leere Ankündigungen à la „Beim nächsten Mal reicht es aber wirklich!" sind die Folge.

IN DREI SCHRITTEN ZUR TAT

- **Erster Schritt:** Übernehmen Sie Verantwortung für Ihre Anteile – im Glück wie im Leid.
- **Zweiter Schritt:** Sagen Sie klar und verständlich, was Sie verändern werden – nicht als Drohung, sondern als liebevolle Ankündigung.
- **Dritter Schritt:** Schreiten Sie zur Tat und begleiten Sie die Veränderung erklärend mit einfühlsamen Worten, so dass Ihr Partner die Chance bekommt, Sie zu verstehen und sich zu orientieren.

Meine Gebrauchsanweisung: So ticke ich

Ich habe in einem Paarseminar eine Gebrauchsanweisung
von mir erstellt. Ich war selber erstaunt, wie ich ticke.
Aber mein Partner kann jetzt meine Reaktionen besser verstehen.
Das hilft sehr im alltäglichen Umgang miteinander.

Frau, die sich häufig missverstanden fühlte

Menschen sind in ihrer Gesamtheit schwer verständlich. Sobald die rosarote Brille der Verliebtheit wegfällt, sehen sie anders – nicht unbedingt klarer – auf ihren Partner. Um böse Überraschungen zu vermeiden, ergibt es Sinn, dem Partner eine Art Gebrauchsanweisung von sich selbst zu geben. Motto: So ticke ich.

Das Inhaltsverzeichnis

In jedem Sexratgeber kommt der Tipp: Sagen Sie Ihrem Partner, was und wo es sich gut anfühlt. Das können Sie auf Ihre gesamte Person erweitern. Zentrale Punkte sind:

- Was tut Ihnen gut?
- Was geht gar nicht?
- Wo wissen Sie selber nicht, wie Sie reagieren?

Das sind die Leitfragen für Ihre Gebrauchsanweisung. Diese sollten Sie auf drei Lebensbereiche anwenden:

- Beziehung
- Kommunikation
- Körperlichkeit
- Sexualität
- Werte

Der Vorteil einer Gebrauchsanweisung ist, dass Sie sich Klarheit verschaffen darüber, was Ihnen wichtig innerhalb der Partnerschaft ist.

Und Ihr Partner weiß, woran er ist. Wenn zum Beispiel ganz unterschiedliche Bedürfnisse beim Sex vorhanden sind, dann kann dies der Samen für eine spätere Entfremdung oder einen Seitensprung sein.

SO KÖNNTE EINE GEBRAUCHSANWEISUNG AUSSEHEN

- **Beziehung:** Ich habe ein Nähe-Distanz-Thema. Wenn mir etwas zu nahe kommt, brauche ich Zeit, es zuzulassen. Dafür erzeuge ich Distanz.
- **Kommunikation:** Ich mag es nicht, wenn in einem Gespräch nicht die volle Aufmerksamkeit bei mir liegt. Ruf mich bitte nur an, wenn du wirklich Zeit für ein Gespräch hast. Mach bitte dein Handy aus, wenn wir abends miteinander reden.
- **Körperlichkeit:** Ich liebe es, wenn du mir den Rücken streichelst. Hände weg von meinen Füßen, das geht gar nicht!
- **Sexualität:** Mir ist es nicht wichtig, einen gemeinsamen Orgasmus zu bekommen. Bitte spiele mir auch keinen vor. Ich habe es gern bequem dabei und liebe es, wenn alle fünf Sinne stimuliert werden. Anal geht gar nicht – forget it!
- **Werte:** Ehrlichkeit und Transparenz sind mir sehr wichtig. Ich möchte niemanden verletzen, ich weiß aber gleichzeitig, dass ich manchmal über das Ziel hinausschieße mit meiner Ehrlichkeit. Hier brauche ich eine klare Ansage von dir, damit ich das merke.

Sie sehen, die Punkte passen auf ein DIN-A4-Blatt. Sie können sich sehr viel Ärger und nutzlose Diskussionen sparen, wenn Sie Ihrem Partner die wesentlichen Eckpunkte Ihrer Persönlichkeit aktiv nennen.

Diese Art von Gebrauchsanweisung ist übrigens nicht dafür gedacht auszudrücken: „Friss oder stirb: Ich bin eben, wie ich bin, und damit musst du leben." Das ist eine riskante Haltung, denn eine gesunde Reaktion darauf könnte sein: „Dann sei eben so wie du bist – nur bitte ohne mich."

Im Gegensatz zur Gebrauchsanweisung für eine Waschmaschine bleiben Sie nicht unveränderlich stehen in Ihrem Leben. Die Gebrauchsanweisung wandelt sich in dem Maße, in dem Sie sich ändern. Sie nehmen neue Impulse auf, wagen neue Wege oder bekommen neue Erkenntnisse.

Zusätzlich wird mit der Geburt des ersten Kindes Ihre Persönlichkeit durchgeschüttelt. Verschüttete Glaubenssätze kommen an den Tag; Sie sehen viele Sachen plötzlich in einem neuen Licht und verändern Ihre Lebensprioritäten. Deshalb braucht Ihre Gebrauchsanweisung ein regelmäßiges Update.

Den Inhalt aktualisieren

Wachsende Beziehungen leben davon, dass jeder Partner sich weiterentwickelt. Die Betonung liegt auf *Weiter*-Entwicklung; das ist keine *Fort*-Entwicklung. Wir sind positiv überrascht oder negativ überrumpelt, wenn sich unerwartet das Verhalten des Partners ändert. Dann ist es hilfreich, dem Partner zu erklären, was passiert ist. Das führt zu einem Update der Gebrauchsanweisung.

Spannenderweise ist unsere Partnerwahl davon beeinflusst, welche Lebensthemen wir haben. Unser Partner hilft uns, dass wir uns diesen Themen stellen, oder er unterstützt uns dabei, die Themen zu vermeiden. Das Ganze passiert unbewusst. Wenn Sie jedoch genau hinsehen und fühlen, dann werden Sie spüren, welche Entwicklungschancen Ihnen Ihr Partner bietet oder wo Sie sich mit dem Partner ausbremsen.

WEITER-ENTWICKLUNG: EIFERSUCHT ÜBERWINDEN

In diesem Beispiel werde ich wieder persönlich und schaue mit Ihnen auf eine meiner Entwicklungsreisen zurück.

Wenn ich sehr attraktive Freundinnen hatte, gab es bei mir ein großes Potenzial an Eifersucht. Ich unterstellte den Frauen, dass sie bewusst mit dem Feuer spielten, und fühlte mich gleichzeitig minderwertig als Mann. Fast immer ohne Grund, doch die Gedanken und das daraus resultierende Gefühl waren einfach da.

Ergebnis der Eifersucht waren Streit, Unverständnis und am Ende gemeinsame Erschöpfung. Das Thema nervte einfach. Ich brauchte einige Freundinnen, viel Selbstreflexion sowie Zugang zu meinem Herzen, um zu verstehen, was ich da eigentlich machte.

Heraus kam, dass in mir immer wieder der kleine Junge angesprochen wurde, der früher viel allein gelassen wurde und keine Chance hatte, sich gegen die Liebhaber und Verehrer der eigenen Mutter zu wehren. Meine Mutter war sehr jung; die Ehe zerbrach schnell, es war die Hippie-Zeit. Das ist keine Verurteilung, sondern eine subjektive Sicht auf meine Kindheit. Dieses Gefühl von Ohnmacht bezogen auf andere Männer hat mich geprägt. Wie der Zufall – den es nicht gibt – es will, fand ich später immer die Frauen anziehend, die gern mit anderen flirteten. So konnte ich meine Eifersucht schön kultivieren und leben.

Heute habe ich eine Partnerin, die sehr offen und kommunikativ auf Menschen reagiert und damit natürlich auch immer wieder anziehend auf andere Männer wirkt. Doch meine Eifersucht ist weg, denn ich habe ihre Quelle erkannt und sie auf meine Art trockenlegen können. Für uns beide hilfreich war, dass ich sie durchgehend an meinen inneren Erkenntnissen teilhaben ließ. Dadurch konnte sie mein Verhalten einsortieren, verstehen und Rücksicht nehmen.

Eine Gebrauchsanweisung ist nicht nur für Ihren Partner hilfreich, sondern insbesondere für Sie selbst. Sie erkennen dadurch Ihre Verhaltensmuster und können auf Spurensuche gehen:

- Was löst bei Ihnen welche Gedanken aus?
- Wie fühlen Sie sich mit den Gedanken?
- Woran erinnert Sie das Gefühl? Kennen Sie es von früher?
- Wollen Sie es ändern? Wenn ja, wie wollen Sie vorgehen?

Sie können sicher davon ausgehen, dass das Leben Sie immer wieder an Ihre ungelösten Themen erinnern wird: in Ihrer Partnerwahl, in Ihrer Karriere und in Ihrer Rolle als Mutter oder Vater. Nehmen Sie dies als Einladung für Ihre persönliche Selbstentfaltung. Schreiben Sie in diesem Sinne keine statische Gebrauchsanweisung, sondern einen Fortsetzungsroman mit offenem Ende.

GEBRAUCHSANWEISUNG AUF EINEM DIN-A4-BLATT

- Ihre Gebrauchsanweisung passt auf ein Blatt Papier. Es geht um Wesentliches – manchmal versteckt sich das Wesentliche zugleich in Kleinigkeiten.
- Die Leitfrage ist: Wie wünschen Sie sich den Umgang mit sich?
- Wichtige Lebensfelder sind: Beziehung, Kommunikation, Körperlichkeit, Sexualität und Werte.
- Sehen Sie die Gebrauchsanweisung nicht als statisch an, sondern planen Sie immer wieder Updates ein. Sie entwickeln sich weiter!
- Überprüfen Sie Ihre Selbstwahrnehmung mit der Fremdwahrnehmung durch Ihren Partner, Ihre Kinder, Freunde und Kollegen. Wo stimmen Sie überein und wo haben Sie etwas übersehen?

Ruheräume und Privatheit

Wenn alle aus dem Haus sind, dann atme ich tief durch und setze mich für 15 Minuten in den Garten. Da tanke ich Kraft!

Mutter zweier Kinder

Ich schreibe täglich ein kurzes Tagebuch. Der Tag fliegt innerlich noch einmal vorbei und ich habe das Gefühl, meinen Kopf leeren zu können.

Unternehmer und Vater eines Kindes

Im Trubel des Familienlebens und in den Anforderungen von Karriere mit Kind kommen Sie als Person häufig zu kurz. Zum Alltag der

Paarberatung gehört, dass einige Ratsuchende beklagen, sie hätten überhaupt keine Zeit mehr für sich – ganz allein und nur für sich.

Gleichzeitig stellt unser Innenleben das Fundament, auf dem Partnerschaften, Familien und Karrieren aufbauen können. Ist das Fundament wacklig oder auf Sand gebaut, dann kann alles sehr schnell ins Rutschen kommen.

Zugang zu unserem Inneren finden wir, wenn wir uns Zeit für uns nehmen und unsere Aufmerksamkeit nicht von äußeren Impulsen abgelenkt wird.

Schaffen Sie sich tägliche Ruheräume

Bekanntlich führen viele Wege nach Rom – und viele Wege auch in Ihr Inneres. Wählen Sie den Weg, der am besten zu Ihnen passt, bei dem Sie sich wohlfühlen und wo Sie spüren, dass Sie in Kontakt mit sich selbst kommen.

Allen wirksamen Wegen gleich ist, dass Sie ihn alleine gehen. Wenn möglich täglich und mit Routine, so dass Ihr Geist, Ihr Körper und Ihre Seele wissen, dass jetzt nur Sie dran sind. Das muss nicht stundenlang sein; kleine Rituale, die Sie in Ihren Alltag einbauen, reichen völlig aus.

Die hilfreiche Rolle einer bewussten Atmung wurde in diesem Buch schon mehrfach erwähnt. Das bewusste Atmen katapultiert Sie sofort ins Hier und Jetzt. Alle Sorgen, Stress und Genervtheit sind für ein paar Sekunden vergessen. Es entsteht ein Ruheraum, in dem Sie sich spüren und wahrnehmen können:

- Was fühlen Sie?
- Was spüren Sie?
- Was denken Sie?

Auf diese Fragen werden Sie persönliche Antworten haben, die nur auf Ihrer subjektiven Wahrnehmung fußen. Das ist gut so. Bitte nehmen Sie keine Wertungen vor: Es gibt keine richtigen oder falschen Gefühle oder Gedanken! In Ihrem Ruheraum ist alles möglich und alles darf sein. Der Vorteil für Sie ist, dass damit nichts unter den Teppich gekehrt wird und vielleicht bei unpassenden Momenten hervorspringt.

RUHERAUM DURCH BEWUSSTE ATMUNG

Um die Aufmerksamkeit auf den Atem zu richten, müssen Sie nicht erst einen Kurs belegen. Es reicht voll und ganz aus, wenn Sie sich kurz auf Ihre Ein- und Ausatmung konzentrieren, egal wo Sie sind:
- bewusst einatmen – bewusst ausatmen
- bewusst einatmen – bewusst ausatmen
- bewusst einatmen – bewusst ausatmen

Dreimal hintereinander – das war es schon. Die Wirkung ist immens, denn Sie unterbrechen damit Ihren Gedankenfluss und treten einen Schritt von der Situation zurück, in der Sie sich gerade befinden.

Das Schöne an der Atemübung ist, dass Sie sie überall machen können. Sie brauchen keine Ausrüstung, keinen Kurs, keinen speziellen Ort oder besondere Zeit – just do it! Egal ob Sie im Stau stehen, auf den Bus warten, Ihr Kind ins Bett bringen oder gleich das Geschäftsessen beginnt: Für drei bewusste Atemzüge ist immer Zeit. Keiner wird es merken.

Halt, das ist nicht ganz richtig: Im Moment wird zwar keiner mitbekommen, dass Sie Ihren Ruheraum aktiviert haben; doch ich versichere Ihnen, dass Ihre Umwelt sehr wohl mitbekommen wird, dass Sie sich verändern, ruhiger und gelassener werden.

Leben Sie Ihre Privatheit

Jeder – auch Sie – hat ein Recht auf sein Privatleben. Mit Privatleben meine ich nicht die Abgrenzung zum Beruf, sondern Ihr persönliches Leben. Ihre Gedanken und Ihre Gefühle sind frei; sie gehören nur Ihnen. Sie müssen diese nicht mit jedem – auch nicht mit Ihrem Partner – teilen.

Ein großes Missverständnis in Beziehungen ist, dass Frau und Mann sich doch alles mitteilen müssen. Nein. Es gibt Sachen, die will Ihr Partner nicht wissen oder die wollen Sie für sich behalten.

Es gibt Paare, die schwören auf absolute Transparenz. Jedes Gefühl oder jeder Gedanke soll mitgeteilt werden – zumindest wenn ein Partner danach fragt. Achtung: Das kann heftig nach hinten losgehen.

Wenn Sie beide nicht der Dalai Lama sind (was Sie nicht sind), dann wird es Ihnen an Gelassenheit fehlen, alle Gedanken und Gefühle Ihres Partners wertfrei und mit Mitgefühl anzuhören. Unnötige Konflikte und Streit sind programmiert.

Manche Gedanken sind besser in einem Tagebuch oder bei verschwiegenen Freunden aufgehoben. In meinen Beratungen habe ich manchmal die Funktion, der unabhängige Zuhörer von Phantasien oder realen außerehelichen Affären zu sein. Wenn diese Themen in der Beziehung geäußert würden, wäre die Partnerschaft sofort in der Krise oder am Ende.

Was und wie viel Sie mit Ihrem Partner teilen, das können Sie nur selbst bestimmen. Wenn Ihr Partner spürt, dass Sie etwas verschweigen, dann müssen Sie entscheiden, ob Sie die Wahrheit sagen, schweigen oder lügen – jeweils mit allen Konsequenzen.

Wie Sie sich entscheiden, hängt von Ihrer Moral und Ihrem Wertesystem ab. Hilfreich ist auf jeden Fall der Abschnitt „Reden, zuhören und verstehen".

RUHERÄUME UND PRIVATHEIT FINDEN

- Schaffen Sie sich tägliche kleine Ruheräume durch die bewusste Atmung.
- Finden Sie eine für Sie passende Methode, um regelmäßige Ruheräume zu haben. Hilfreich sind Spaziergänge, Musik, Malen, Meditation, Yoga und Co.
- Erlauben Sie sich Gedanken und Gefühle, die nur Ihnen gehören. Hilfreich kann sein, die Gedanken in ein privates Tagebuch zu schreiben.
- Akzeptieren Sie die Privatsphäre Ihres Partners. Der Reiz einer Beziehung liegt darin, dass die Partner sich auf Augenhöhe begegnen und jeder sein eigenes Gedanken- und Gefühlsleben hat.

Freundschaften und Hobbys

Ohne meine Freundinnen wäre ich schon längst beim Therapeuten gelandet. Sie geben mir Kraft und neue Perspektiven und sind einfach für mich da. Mutter von drei Kindern

Beim Segeln schalte ich ab, es ist eine wunderbare Zeit ganz für mich allein. Vater eines Sohnes (7) und einer Tochter (4)

Kindergarten, Elternabende, Geschäftsreisen, Paarzeiten und dann noch Freundschaften pflegen oder einem Hobby frönen – wie soll das denn gehen? Beim Übergang vom Paar zur Familie werden Sie schon selbst gemerkt haben, dass alte Freundschaften rosten und Hobbys pausieren. Das ist ganz gängig und alltägliches Schicksal in den ersten Jahren einer Familiengründung mit Kleinkindern.

Spätestens wenn die Kinder in den Kindergarten kommen, sollten Sie wieder auf alte oder neue Freundschaften achten und Ihre Hobbys entstauben. Die Idee dahinter ist, dass Sie aufblühen, wenn Sie sich mehr um sich kümmern. Davon profitieren Ihr Partner und Ihre Kinder!

Die Rolle von Freundschaften

Bevor Sie Mutter oder Vater wurden, hatten Sie bestimmt eine Leidenschaft, eine Sportart oder ein sonstiges Hobby in Ihrer Freizeit. Und Sie haben sicherlich auch guten Kontakt zu alten Freunden gehalten, die Sie schon länger in Ihrem Leben begleiten.

Nach der Geburt des ersten Kindes kommt es oftmalig zu einer ersten langsamen Entfremdung von einigen Freunden. Plötzlich stehen das Elternsein, die Freuden und Sorgen rund um das Kind im Mittelpunkt Ihres Lebens. Gerade kinderlose Freunde sind nach anfänglicher Mitfreude potenziell genervt über die aus ihrer Sicht einseitigen Gesprächsthemen. Der Wechsel vom Paar zur Familie ist ein gravierender Einschnitt im Leben eines Paares; der Freundeskreis wird neu sortiert.

Hauptsächlich die Mütter suchen in dieser Zeit neue Freundinnen, mit denen sie sich über die neue Rolle und das neue Wunder in ihrem Leben, das Kind, austauschen können. Der Geburtsvorbereitungskurs, Yoga für Schwangere und Rückbildung, Babyschwimmen sowie die Krippe oder der Kindergarten sind Kontaktplätze für Gleichgesinnte.

Neue Freundschaften entstehen durch neue Lebensabschnitte, in denen Sie sich befinden. Fast so wie früher, als mit dem Wechsel von der Grundschule auf die weiterführende Schule der Freundeskreis neue Impulse bekam oder mit Beginn der Ausbildung und dem Studium in einer neuen Stadt die Karten neu gemischt wurden.

Freundschaften geben uns Halt; sie sind für uns ein Korrektiv und eine Rückversicherung in schweren Zeiten. Gute Freunde halten uns den Spiegel vor und schaffen es, dass wir unser Verhalten ändern. Freundschaften haben teilweise den Charakter einer Familienbeziehung. Wir können uns auf sie verlassen, egal wie wir gerade drauf sind. Probleme in der Liebe lassen sich hier gut erörtern; hier können Sie über Ihren Partner schimpfen oder weinen, ohne gleich eine Beziehungskrise auszulösen.

Da Freunde nicht mit Ihnen leben, sind diese nicht so schnell genervt von Ihren immer wiederkehrenden Themen, wie es eventuell Ihr Partner ist. Er lebt mit Ihnen zusammen und kann gewisse Sachen einfach nicht mehr hören, Ihre Freunde haben da mehr Verständnis und Mitgefühl.

Und nicht alle Themen sind für den eigenen Partner geeignet. Über Menstruationsschmerzen lässt sich besser mit einer Freundin sprechen; welcher Bundesligaclub wen verpflichten sollte, ist vielleicht ein geeigneteres Thema für einen Freund. Somit bieten Freunde ein Lebensfeld, das für Sie wichtig ist, mit dem Sie aber nicht Ihre Partnerschaft belasten wollen.

Hobbys pflegen

Sie können bei Hobbys Freunde gewinnen; vielleicht haben Sie ja Ihren Partner hier kennen- und lieben gelernt? Hobby bedeutet immer auch Freizeit. Hier können Sie im Gegensatz zur Arbeitswelt selbstbestimmt entscheiden, was Sie tun möchten – die berühmte Work-Life-Balance.

Leider sind die wenigsten Menschen zufrieden mit der Lebenssituation, in der sie sich befinden. Häufig ist die Arbeit stressig oder nicht das, was sie eigentlich machen wollen. Doch der Wunsch oder die Notwendigkeit, Geld zu verdienen, eine Familie zu ernähren plus einen gewählten Lebensstandard zu halten, bindet viele an eine Arbeit, die sie nicht erfüllt. Hobbys sind da ein guter Ausgleich, um den Kopf frei zu bekommen, Stress abzubauen und wieder aufzutanken. So sind Sie ausgeglichener für Ihre Partnerschaft.

Hobbys bergen aber zugleich das Risiko, Partnerschaften zu trennen. Es ist eine Frage der Prioritäten. Was steht ganz oben auf Ihrer Liste und was ganz unten? Bestandteile sind die Beziehung, die Arbeit, das Hobby und bei Familien zusätzlich die Kinder.

Die Pflege von Hobbys ist ein Balanceakt. Wie viel Hobby brauche ich, um mich wohlzufühlen, und ab wann gefährdet das Hobby meine Beziehungen, da ich keine Zeit mehr für Partner und Familie habe?

In Paarberatungen ist das ein wiederkehrendes Thema. Es hilft ungemein, wenn Sie verstehen, wie wichtig Ihrem Partner sein Hobby ist, beziehungsweise wenn Sie verdeutlichen können, was Ihnen Ihr Hobby gibt. Dann haben Sie und Ihr Partner die Chance, das jeweilige Hobby nicht als Zeitdieb für Ihre Partnerschaft zu sehen, sondern als einen Persönlichkeitsbestandteil des Menschen, den Sie lieben.

Sie können sich glücklich schätzen, wenn Sie ein gemeinsames Hobby haben. Dann ist Paarzeit gleich Hobbyzeit. Kinder nehmen übrigens gern an den Hobbys der Eltern teil. Sie spüren die Leidenschaft der Eltern und lassen sich wunderbar anstecken. Somit kann ein Hobby neben Leidenschaft und Ausgleich auch noch Paar- und Familienzeit sein – ein Glückstreffer.

PFLEGEN SIE FREUNDSCHAFTEN UND HOBBYS

- Freundschaften leben vom Kontakt. Halten Sie den Kontakt – real über Treffen und gemeinsame Aktivitäten oder virtuell via Telefon und Social Media.
- Seien Sie offen für neue Freundschaften. Lebensabschnitte wie Familiengründung verändern den Freundeskreis; einige Freundschaften schlafen ein und andere kommen neu dazu.
- Pflegen Sie alleinige Freundschaften; da haben Sie den Raum, Themen anzusprechen, die nur Sie etwas angehen.
- Bevor Sie ein Hobby pausieren oder aufgeben, überlegen Sie genau, was das Hobby Ihnen gegeben hat. Was wird Ihnen fehlen?
- Sprechen Sie mit Ihrem Partner. Machen Sie deutlich, was an Ihrem Hobby für Sie wichtig ist.
- Falls Ihr Partner ein anderes oder gar kein Hobby hat, überlegen Sie gemeinsam, wie Sie Ihre Leidenschaft in die Beziehung integrieren können, ohne dass Ihr Partner im Wettbewerb zu Ihrem Hobby steht.

RICHTIG STREITEN – OHNE PARTNERVERLUST

Konflikte gehören zu jeder Beziehung dazu. Ohne Reibung keine Energie, ohne Energie kein Leben. Harmoniesucht führt dazu, sich auf Kosten der eigenen Bedürfnisse immer mehr zu verbiegen. Und dann kracht es irgendwann so richtig: Alles Aufgestaute bricht heraus. Das muss nicht so sein! Einen gesunden Umgang mit Konflikten kann man erlernen.

Ich provoziere ihn so lange, bis endlich einmal eine Gefühlsregung kommt. Er tut ja immer so cool. Das macht mich wahnsinnig. Frau

Ich mag keinen Streit. Was soll das bringen?
Lass uns sachlich bleiben, dann finden wir eine Lösung.

Antwort des Mannes

„Nun werden Sie mal nicht emotional" oder „Bleiben Sie bitte sachlich" – kennen Sie diese Aussagen? Sicherlich ungezählte Male schon gehört als Abwehrreaktion auf einen sich anbahnenden Konflikt.

Konflikte haben stets zwei Ebenen:
- die Sachebene: Hier geht es um die Fakten, um das *Was*?
- die Beziehungsebene: Hier geht es um die Menschen, um das *Wie*?

Merken Sie sich: Die Beziehungsebene gewinnt immer! Wenn Sie hier keine Lösung finden, dann stehen die Einigungen auf Sachebene auf tönernen Füßen. Es ist sehr wahrscheinlich, dass die Lösung nur von kurzer Dauer ist oder an anderer Stelle ein neuer Konflikt aufkommt.

Konflikte erlauben

Es gibt keine konfliktfreien Beziehungen. Es gibt jedoch viele Beziehungen, in denen Konflikte unterdrückt werden oder nicht erlaubt sind. „Und was ist mit den Paaren, die sich nie streiten?", fragen Sie vielleicht. Nun, entweder haben diese Paare einen guten Weg gefunden, mit Konflikten umzugehen, oder sie schlucken alles runter. Im letzteren Falle so lange, bis sie platzen. Psychosomatische Störungen oder Trennungen aus heiterem Himmel können die Folgen sein.

Der innere Konflikt

Konflikte entstehen andauernd. Sie entstehen in uns, mit uns und mit unserer Umwelt. Soll ich die dünne oder die dickere Jacke anziehen? Schon haben Sie einen inneren Minikonflikt, den Sie mit einem schnellen Blick aus dem Fenster für sich lösen. Höchstwahrscheinlich haben Sie die Frage nach einer Entscheidung nicht einmal als Konflikt wahrgenommen.

Viele Konflikte laufen so in uns ab und sind schnell gelöst. Anders ist es mit Konflikten, die anfangen uns zu beschäftigen. Jegliche Art von Unentschlossenheit, Sich-nicht-entscheiden-Können, ist ein Zeichen eines inneren Konflikts. Hier brauchen Sie Zeit oder Input von außen, um auf eine Lösung zu kommen.

Wenn also zwei oder mehrere Bedürfnisse in Ihnen konkurrieren, dann haben Sie einen Konflikt. Sich entscheiden heißt dummerweise ja auch immer, sich *für* und gleichzeitig *gegen* etwas zu entscheiden. Wie finden Sie da eine Lösung? Beobachten Sie einmal Ihr inneres Konfliktverhalten:

- Gewinnt das Bedürfnis, das am lautesten schreit?
- Orientieren Sie sich an einem Wertesystem oder an Glaubenssätzen?
- Versuchen Sie, beide Bedürfnisse unter einen Hut zu bekommen? Wie oft gelingt Ihnen dies?

- Wie reagiert das Bedürfnis, das unterliegt?
- Kennen Sie überhaupt Ihre Bedürfnisse, die hinter den inneren Konfliktparteien stehen?

MUTTERHERZ VERSUS WERTSCHÄTZUNG

Eine 34-jährige Frau kam in die Beratung. Sie wollte über den möglichen Wiedereinstieg in ihren Beruf sprechen. Ihr war ein gutes Angebot von Ihrem Arbeitgeber gemacht worden, das einen Karrieresprung bedeuten, dummerweise aber auch mit mehrtägigen Geschäftsreisen einhergehen würde. Sie freute sich über die Anerkennung und Wertschätzung im Job. Dies war die eine Seite.

Die andere Seite bestand aus ihrem Mutterherz. Sie spürte instinktiv, dass es zu früh für ihr Kind war, jetzt auf Geschäftsreisen zu müssen. Die Eingewöhnung in der Krippe war bisher eher holprig verlaufen, auf ihren Mann konnte sie sich nicht verlassen, da er beruflich viel auf Achse war. Eine Großfamilie gab es in ihrem Umfeld keine. Sie wollte ihr Kind nicht über Nacht bei einer Tagesmutter oder einem Babysitter lassen. Eine echte emotionale Zwickmühle: Die verlockende Karriereoption mit dem Gefühl der Wertschätzung versus Mutterherz mit dem Gefühl „Das ist zu früh für mein Kind".

Meine Frage an sie lautete: Was für eine Mutter wollen Sie sein? Und damit brachen bei ihr alle Dämme. Unter Tränen sagte sie, sie wolle für ihr Kind da sein und es solle ihrem Kind gut gehen. Doch als Mutter fühle sie sich nicht wertgeschätzt – weder von ihrem Mann, den Freunden noch von sich selber.

Jetzt war sie beim eigentlichen Thema angelangt: Wertschätzung für sie als Frau und Mutter. Ihr Selbstwertgefühl war fast bei null, daher suchte sie die Wertschätzung im Äußeren. Die Gründe dafür lagen in ihrer Biografie.

Ihre Lösung war, den Karriereschritt zu verschieben und sich um das eigene Selbstwertgefühl zu kümmern. Außerdem wollte sie ihrem Kind auf jeden Fall vermitteln, dass es ihr wertvoller war als ein frühzeitiger Karrieresprung. So kehrte sie in Teilzeit zu ihrem Arbeitgeber zurück – ohne Geschäftsreisen, aber mit Zeit für ihr Kind und sich selber.

Zusätzlich gab ihr das gestärkte Selbstwertgefühl eine gesunde Basis, um in den Konflikt mit ihrem Mann zu gehen. Mittelfristig wollte sie erreichen, dass er sich mehr um die Familie kümmert, damit Sie beim nächsten Karriereangebot zugreifen kann.

Der Konflikt als Paar

Genau wie bei inneren Konflikten prallen bei Paarkonflikten Bedürfnisse, Vorstellungen und Wertesysteme aufeinander. Mit dem Nachteil, dass Sie das Thema nicht einfach für sich lösen können, sondern ein unkontrollierbares Gegenüber dabei ist: Sie wissen nicht, wie Ihr Partner reagiert, was er denkt und fühlt. Sie können es nur erahnen und dann im Streit erfahren.

Bei Konflikten ist es wichtig, dass Sie sich beide erlauben, unterschiedlicher Meinung zu sein, anders zu fühlen oder gegensätzliche Wege einschlagen zu wollen. Konflikte haben immer dann eine Chance, entschärft und gelöst zu werden, wenn sie da sein dürfen.

Der Schritt zu einer Beratung als Paar ist ja das erste Anzeichen dafür, dass die Lebenszeit jetzt konstruktiver genutzt werden soll. Meine Lieblingsfrage in Paarberatungen lautet daher: „Wie viel Lebenszeit wollen Sie noch damit verbringen, um den heißen Brei herumzureden?"

Oftmals stehen Paare vor einem gordischen Knoten, den sie nicht lösen können. Das ist auch verdammt schwer, denn innere Konflikte des Einzelnen vermengen sich dort mit Partnerkonflikten. Was gehört eigentlich wohin, ist dann die erste Frage. Wo liegt der Konflikt mit dem Partner, und wo ist der Konflikt eventuell ein Stellvertreter für ein eigenes inneres Thema? Schmerzhafte Fragen mit schmerzhaften Antworten; zugleich der Startschuss für eine heilende Lösung.

Manchmal haben Konflikte eine verblüffende Wirkung: Sie bringen Frau und Mann wieder in Kontakt. Denn um streiten zu können, muss ich in Kontakt sein mit meinem Gegenüber. Negative Aufmerksamkeit ist immer noch besser als gar keine Aufmerksamkeit. Konflikte, die Sie eigentlich einfach mit gesunden Menschverstand lösen könnten, die jedoch von Ihnen als Paar nicht gelöst werden, haben entweder die Funktion, dass Sie emotional in Kontakt bleiben, oder sie verdecken einen ganz anderen tieferen Konflikt, der nicht ausbrechen soll.

DAS EINMALEINS DES KONFLIKTS

- Konflikte gehören zum Leben dazu.
- Konflikte haben eine Sach- (*Was?*) und eine Beziehungsebene (*Wie?*). Die Beziehungsebene gewinnt immer.
- Es gibt innere und äußere Konflikte.
- Innere Konflikte entstehen in Ihnen. Mehrere Bedürfnisse prallen aufeinander. Das Schöne daran ist; Sie können diese Konflikte lösen, denn sie gehören ganz alleine Ihnen.
- Äußere bzw. Paarkonflikte sollten analysiert werden. Was ist der Konflikt mit dem Partner und wo versteckt sich eventuell ein innerer Konflikt, der sich hier zeigt?

Eigene Anteile erkennen

Selbsterkenntnis war für mich der Schlüssel, mein Konfliktverhalten zu ändern – von destruktiv in konstruktiv. Mann in Beratung

Die Gefahr bei Konflikten besteht, dass Sie nur über den anderen schimpfen. Eine Last an Vorwürfen wird beim Partner abgeladen: Er möge sich bitte ändern – jetzt sofort. Die Auswirkungen von Vorwürfen können Sie nachlesen im Kapitel „Die Sprengkraft von Vorwürfen".

Vorwürfe helfen niemandem weiter und verpesten die Paarluft. Sie eröffnen einen gegenseitigen Abwehrkampf, und am Ende gibt es einen Verlierer, der nur darauf wartet, Revanche zu nehmen. Keine gute Ausgangsposition für ein konstruktives Konfliktverhalten.

Sich selbst auf die Spur kommen

Zu einem Konflikt gehören zwei Parteien, wobei es reicht, dass eine Partei auf Krawall gebürstet ist. Dann wird es schwer, denn zum Frieden brauchen Sie immer beide Seiten, die eine Lösung wirklich wollen. Es ist hilfreich, wenn Sie hier wissen, was Sie eigentlich brauchen oder wollen. Und was Ihre Anteile daran sind, dass Sie Ihr Ziel noch nicht erreicht haben.

Streit entsteht manchmal aus Nichtigkeiten und manchmal aus offensichtlicher Gegensätzlichkeit. Die eigenen Anteile und Beweggründe sind verborgen und bleiben dies auch gerne. Im Idealfall knickt der Partner vorher ein, dann müssen Sie Ihre ehrlichen Gründe für den Konflikt gar nicht zeigen.

Oftmals kennen wir die Gründe selber gar nicht bewusst. Merken Sie sich hierzu einen Satz: Ihr Bewusstsein denkt – Ihr Unterbewusstsein lenkt. Im Streit geht Ihnen eventuell der Gaul durch. Das heißt nur, dass Ihr Unterbewusstsein das Steuer übernommen hat. Es fliegen die Fetzen, Sie sind außer sich und doch sind Sie es, der handelt, flucht, meckert und beleidigt. Was passiert da?

Leider können Streitigkeiten schnell eskalieren, so dass eine sensible und bewusste Innenschau in dem Moment der Auseinandersetzung kaum möglich ist. Im Nachklapp wird einem dann viel bewusst, doch soll man das Thema noch einmal anwärmen? Ja, unbedingt!

Nur wenn Sie Ihre Anteile erkennen und diese Ihrem Partner deutlich machen, kombiniert mit Ihrer Verantwortung, für Ihre Anteile zu sorgen, dann haben Sie eine gute Chance, den Teufelskreis von sich wiederholenden Konflikten zu durchbrechen.

SYSTEMATISCHE SPURENSUCHE

Um Ihre unbewussten Anteile und Antriebe für einen Konflikt offenzulegen, können Sie sich systematisch an diesen drei Fragen entlanghangeln:

- Was ist das Sachthema?
- Was ist mein Interesse dahinter?
- Wie fühlt sich das für mich an?

Zum Beispiel: 1. Ich will nicht, dass die Socken im Flur rumfliegen. 2. Denn es ist mir wichtig, dass der Flur aufgeräumt ist. Und ich will nicht immer diejenige sein, die für Ordnung sorgt. 3. Ganz ehrlich: Ich fühle mich als Putzfrau missbraucht. Das fühlt sich nicht wertschätzend an!

Das Beispiel zeigt sehr gut, wie Sie über ein Sachthema (Socken) zu dem eigentlichen Problem (Wertschätzung) kommen. Was wäre jetzt Ihr Anteil daran?

Sie können sich fragen: Habe ich wirklich deutlich gemacht, dass mich die Unordnung nervt, oder nörgele ich nur rum? Nimmt mein Partner mich nicht ernst oder habe ich es bisher an Ernsthaftigkeit in meinen Aussagen fehlen lassen?

Die eigenen Anteile zeigen

Das Erkennen der eigenen Anteile an einem Konflikt nimmt Feuer aus dem Streit. Sie sprechen über sich und nicht über Ihren Partner. Das gibt ihm den Raum, auch über sich zu reden und nicht in einer Abwehrreaktion über Sie herzufallen.

Leider nutzen einige Partner genau dies aus. Über sich und seine Gefühle in einem Streit zu reden kann als Schwäche ausgelegt werden. Wie ein Bluthund stürzt er oder sie sich dann auf Sie, um Sie zu erledigen, nach dem Motto „Du sagst ja selbst, es liegt an dir". Das schmerzt und führt nicht weiter. Wenn Ihr Partner oder Sie das tun, dann sollten Sie sich für Ihre Konflikte Hilfe holen. Ein Externer kann moderierend eingreifen und auf die Spielregeln bei einer Ausein-andersetzung pochen (siehe Abschnitt „Hilfe holen!").

In dem Fall, dass Sie und Ihr Partner auf Augenhöhe Konflikte aus-tragen und bereit sind, jeder für sich zu reflektieren, eröffnet das Sprechen über sich ganz neue Lösungsräume. Es ermöglicht ein gegenseitiges Verstehen der Hintergründe und damit neue Ansatz-punkte für beidseitige Veränderungen.

Streitfälle sind Krisenfälle. In Krisen aktivieren wir unsere Ängste und reagieren entsprechend mit Angriff, Flucht oder Ohnmacht. Die Energie hierfür ziehen wir aus unserer Aggression, die wir alle als Potenzial in uns tragen.

Wenn Sie Ihr Partner mit Vorwürfen oder gefühlt mit seinem Ver-halten angreift, wie reagieren Sie dann? Konter? Rückzug? Schwei-gende Ohnmacht? Fühlen Sie beim nächsten Konflikt mal nach, was in Ihnen passiert ist. Und dann erforschen Sie: Was schützen Sie in sich? Was in Ihnen wurde angegriffen? Was will fliehen und nicht gesehen werden? Was ist so kraftlos, dass es ohnmächtig alles über sich ergehen lässt?

Wenn Sie grundsätzlich eine respektvolle und geborgene Beziehung haben, dann wagen Sie es, das, was in Ihnen angetippt wurde, zu zeigen. Sie glauben gar nicht, wie erlösend es ist, endlich das eigent-liche Thema auf den Tisch zu bringen. Ich erlebe alltäglich in Paar-beratungen, wie viel Abwehrkraft es kostet, sich nicht zu zeigen, und wie erleichternd es ist, sich endlich offenbaren zu können.

Hier liegt die Lösung für die eigenen Anteile: Legen Sie diese offen. Stickige Räume frischen auf mit Luft und Sonnenlicht; Ihre inneren Themen können sich endlich auflösen, wenn Licht rankommt. Ihre Energie können Sie dann zur Heilung nutzen, weil sie nicht mehr für die Abwehrschlacht gebraucht wird.

ERSTE HILFE FÜR KONFLIKTE

- Was ist der Anlass des Konflikts? Worum geht es?
- Was ist Ihr Interesse? Was das Interesse Ihres Partners?
- Wie fühlt es sich an? Besprechen und erfragen Sie alle diese Fragen genau.
- Wenn Sie merken, dass der Konflikt außer Kontrolle gerät, nehmen Sie ein Time-out: Gehen Sie raus, atmen Sie bewusst durch und kehren Sie erst zurück, wenn Ihre Emotionen abgeflaut sind.
- Im Nachklapp erforschen Sie Ihre Anteile am Konflikt. Erläutern Sie in einem ruhigen Moment Ihrem Partner, was in Ihnen passiert ist. Ermuntern Sie Ihren Partner, über sich zu sprechen.
- Lesen Sie den Abschnitt „Meine Gebrauchsanweisung – so ticke ich". Er ist ein hilfreiches Mittel, um achtsamer in Konflikte zu gehen.

Ich meine, was ich sage

Ein Hammer: Seitdem ich klar und deutlich „Ich will" sage,
werde ich gehört und ernstgenommen – gerade von meinem Mann.

Mutter von zwei Kindern

Eine ehrliche und klare Sprache zu nutzen, fällt vielen schwer. Gerne werden die Botschaften in Worthülsen gekleidet in der Hoffnung, der Empfänger wisse schon, was Sie meinen. Tut er jedoch nicht!

Klartext reden ist wichtig, um in Konflikten auf den Punkt zu kommen und um überhaupt ernst genommen zu werden. Konflikt-scheue Menschen meiden diesen Klartext, denn sie müssten dann ja Stellung beziehen. Das macht sie angreifbar und verletzlich. Daher reden sie lieber um den heißen Brei herum und wundern sich, dass sich nichts ändert.

Persönliche Sprache wählen

In der persönlichen Sprache sprechen Sie nicht über jemanden oder von etwas, sondern nur über sich selbst. Klassischerweise beginnt die persönliche Sprache mit Ich-Botschaften:

- Ich will, dass ...
- Ich will nicht, dass ...

Sie können auch eine abgeschwächte Variante wählen, verlieren damit aber an Willenskraft und echter Glaubwürdigkeit bei Ihrem Gegenüber:

- Ich möchte, dass ...
- Ich möchte nicht, dass ...

WIE MAN IN DEN WALD HINEINRUFT …

Lesen Sie sich laut folgende Sätze vor. Welche Varianten haben Kraft und sprechen Klartext, welche kommen eher verklausuliert rüber? Welche Aussagen hinterlassen Eindruck im Konflikt und welche laden dazu ein, Sie nicht ernst zu nehmen?

- Kannst du bitte damit aufhören, die Socken im Flur rumfliegen zu lassen.
- Ich will deine Socken nicht im Flur haben!
- Ich möchte gerne, dass wir öfter miteinander reden.
- Ich will, dass wir miteinander reden!
- Mir geht es nicht gut damit, dass du immer erst um 19 Uhr nach Hause kommst. Kannst du das bitte für mich ändern?
- Ich will nicht mehr alleine bis 19 Uhr für die Kinder da sein!
- Bitte, bitte hör auf damit. Das verletzt mich. Siehst du das denn nicht?
- Es reicht mir. Ich will das nicht!
- Ich möchte mehr Zeit für mich haben.
- Ich brauche mehr Zeit für mich.
- Ich will mehr Zeit für mich!
- Bitte gib mir mehr Zeit, die ich für mich nutzen kann.
- Was hältst du davon, wenn ich mehr Zeit für mich hätte?
- Siehst du eine Möglichkeit, dass ich mehr Zeit für mich habe?

Was Sie nicht machen sollten, ist, jemanden in einem Konflikt zu bitten, wenn es keine Bitte ist. Eine Bitte beinhaltet stets die Möglichkeit des Gegenübers, Ja oder Nein zu sagen. Das Wort „bitte" ist eine der Worthülsen, die das eigentliche Bedürfnis verpackt. Es führt in einem Streit selten zum Ziel, sondern verleitet Ihr Gegenüber eher dazu, mal zu schauen, wie ernst Sie es wirklich meinen.

In den Übungssätzen wird Ihnen aufgefallen sein, dass die kurzen und klaren Ich-Botschaften den meisten Druck entfalten. Druck führt zur Eskalation, aber genau darum geht es nicht. Sie sollen Ihr Gegenüber nicht erdrücken, sondern einen klaren Standpunkt einnehmen und Ihr Bedürfnis unmissverständlich aussprechen.

Das Wie entscheidet

Nun kommt es bei einem Streit nicht nur darauf an, *was* Sie sagen, sondern umso mehr darauf, *wie* Sie es sagen. Wenn Sie leise und schüchtern „Ich will mehr Zeit für mich" murmeln, dann ist das nicht glaubwürdig. Wenn Sie dies mit fester Stimme und klarem Blick zu Ihrem Partner sagen, kommt es an. Wenn Sie schreien und wütend die Tür zuschlagen, dann überreagieren Sie aus der Sicht des Partners schon.

Die Schwierigkeit besteht darin, dass Sie nicht wissen, wie Ihr Partner reagieren wird. Auf ein jämmerliches Murmeln kann er mitfühlend reagieren oder Sie einfach nicht ernst nehmen. Auf die klare Ansage kann er klar antworten oder versuchen, mit einer Eskalation, wie der Abwertung Ihrer Person, zu hinterfragen, ob Sie es wirklich ernst meinen. Auf ein wütendes Schreien kann er mit gleicher Wut reagieren oder sich zurücknehmen und mit scheinbarer Gelassenheit Ihren Gefühlsausbruch ertragen.

Alles ist möglich. Plus: Bei jedem Konflikt geht die Theorie, wie Sie konstruktiv streiten könnten, sehr schnell flöten. Wenn die Emotionen die Oberhand gewinnen, kommt es zum Schlagabtausch oder zu eingespielten Abläufen, wo einer als Gewinner oder der andere als Verlierer vom Platz geht. Keine gute Basis für eine Lösung, sondern eher der Nährboden für den nächsten Konflikt.

SO FINDEN SIE IHRE PERSÖNLICHE SPRACHE

- Verwenden Sie Ich-Botschaften. Beginnen Sie Ihre Sätze mit dem Wort „ich" und sprechen Sie nur über sich.
- Wenn Sie etwas wollen, dann sagen Sie es: „Ich will, dass ..." oder „Ich will nicht, dass ...".
- Achten Sie auf die Musik hinter Ihren Worten. Eindruck hinterlässt nicht nur, *was* sie sagen, sondern viel mehr, *wie* Sie es sagen.
- Üben Sie vor dem Konfliktgespräch Ihren Einstiegssatz mit Ihrer zentralen Ich-Botschaft.
- Seien Sie sich bewusst, dass Sie im Verlauf des Gesprächs höchstwahrscheinlich die Kontrolle über Ihre Vorsätze verlieren werden. Sobald die Emotionen hochkommen und das Ruder übernehmen, werden Sie Sachen sagen oder machen, die Sie bereuen könnten.
- Dagegen hilft nur ein Mittel: Auszeit! Wechseln Sie den Raum, gehen Sie spazieren, achten Sie auf Ihre Atmung und führen Sie das Gespräch erst weiter, wenn Sie die Emotionen wieder im Griff haben.

Ich höre und verstehe dich – oder doch nicht?

Wenn wir merken, dass wir uns nur noch mit Vorwürfen bombardieren, nehmen wir eine Auszeit. Das hat bisher immer geholfen, wieder ein Verständnis für den anderen zu entwickeln. Ein Paar

Über die Kunst des Verstehens beim Paargespräch habe ich ausführlich im Abschnitt „Reden, zuhören, verstehen" geschrieben. In Konflikten ist diese Kunst sehr gefährdet, denn unsere inneren Antennen sind im Abwehr- oder Angriffsmodus. Wirkliches Zuhören und Verstehen fällt da schwer. Damit wir jemandem zuhören und Verständnis aufbringen können, müssen wir in uns ruhen. In Streitfällen sind wir gerne blind für unser Gegenüber, verfolgen unsere Ziele und geraten sogar außer uns. Dann fliegen die verbalen Fetzen, und jeder fühlt sich miss- oder unverstanden. Eine Erklärung folgt der nächsten, ein Missverständnis erzeugt das nächste, und am Ende sind beide erschöpft – bis zur nächsten Runde.

Lösungen gehen nur mit Verständnis

Damit Ihr Konflikt keine Endlosschleife wird, brauchen Sie Verständnis für Ihren Partner. Was treibt ihn im Konflikt an? Welche Intentionen und welche Gefühle stecken hinter den Konfliktpositionen? Wie wichtig ist ihm das Thema? Haben Sie gerade einen Stellvertreterkonflikt, das bedeutet, ist das Thema eigentlich ein ganz anderes?

Alle diese Fragen werden Sie wahrscheinlich im Streit nicht stellen können. Denn Sie werden viel zu aufgeregt sein, um darauf zu kommen, und Ihr Gegenüber wird für diese Fragen keinen Sinn haben. Und Sie wie auch Ihr Partner brauchen Zeit, um auf diese Fragen Antworten zu finden.

Sie brauchen eine Auszeit vom Streit. Emotionen müssen abkühlen können, der Puls sollte wieder auf normal gesenkt sein. Dann ist der Zeitpunkt gekommen, hinter die Fassaden der Argumente und Wortgefechte zu schauen:

- Was ist eigentlich los?
- Wieso sind so viele Gefühle und Emotionen in dem Thema?
- Wie fühlt sich der Streit an?
- Welche Bilder und Phantasien haben Sie im Streit?
- Was für Stimmen hören Sie in Ihrem Kopf?
- Welche Antreiber geben Ihnen Energie im Streit?
- Wie fühlen Sie sich nach dem Streit – besser oder schlechter?

Das sind sehr intime Fragen. Sie sollten sie zuerst einmal für sich selber klären, bevor Sie Ihren Partner befragen. Es geht ja um ein Konfliktthema, das heißt, Sie bewegen sich auf Glatteis. Jeder Schritt sollte achtsam, vorsichtig und wohlwollend sein.

DREI SCHRITTE ZUM MÖGLICHEN VERSTÄNDNIS

- **Erster Schritt:** Nehmen Sie sich eine Auszeit im Streit. Emotionen müssen abflauen und der Kopf sowie das Herz wieder ungetrübt sein, bevor Sie ein klärendes Gespräch beginnen.
- **Zweiter Schritt:** Erzählen Sie von sich. Zeigen Sie sich. Indem Sie das vorleben und Ihr Selbstverständnis offenbaren, schaffen Sie den Raum für Ihren Partner, sich auch zu öffnen.
- **Dritter Schritt:** Nutzen Sie die Macht des Schweigens. Sehr viel mögliches Verständnis wird durch Ungeduld kaputt gemacht. Wenn Ihr Partner auf eine Frage nicht antwortet, dann liegt es zu 90 Prozent daran, dass er die Antwort nicht kennt und auf der inneren Suche ist. Was hier nicht hilft, ist, dass Sie jetzt Druck machen à la „Wieso antwortest du mir nicht?"

Nur wenn Sie verstehen, was Ihr Partner in dem Konflikt antreibt und wo er hinwill, haben Sie eine gemeinsame Chance, eine wirksame Lösung zu finden. Mit Unverständnis handeln Sie sich nur faule Kompromisse ein. Die stinken mit der Zeit wie faule Eier und sind für beide ungenießbar.

Wertschätzendes Zuhören

Um zum Verständnis zu kommen, müssen Sie mit einer offenen und wertschätzenden Haltung zuhören. Das fällt vielen nicht leicht, denn gerade in Konfliktfällen wird es Ihnen nicht gefallen, was Sie da hören. Umso wichtiger ist es, dass Sie trotzdem eine offene Haltung bewahren. Eine gute Methode dafür ist das Zwiegespräch (siehe den Abschnitt „Reden, zuhören, verstehen").

Wertschätzendes Zuhören bedeutet, dass Sie sich ohne Bewertung und Urteil das Gesagte anhören und es bewusst sacken lassen. Unterbrechen Sie Ihren Partner nicht und behalten Sie spontane Antworten Ihrerseits im Hinterkopf. Viele Gedanken formen sich erst beim Sprechen. Umso hilfreicher ist es, wenn sich eine Konfliktpartei in Ruhe und mit unbegrenzter Zeit äußern kann.

Vergewissern Sie sich, dass Sie Ihren Partner richtig und in seinem Sinne verstanden haben. Das heißt nicht, dass Sie dem Gesagten zustimmen. Doch es bedeutet, dass Sie seine Bedürfnisse und Perspektiven gehört haben. Wenn Sie unsicher sind, dann fragen Sie unbedingt nach:

- Habe ich dich richtig verstanden, dass ...?
- Ich fasse kurz in meinen Worten zusammen. Sage mir, ob es stimmt.

Kleiner Tipp: Wenn Sie den Impuls spüren, Ihren Partner zu unterbrechen mit den Worten „Ja, ja, ich verstehe dich voll und ganz, aber ...", dann ist das zu fast 100 Prozent ein Zeichen, dass Sie nichts verstanden haben: Gerade das Wort „aber" lässt darauf schließen, dass Sie nur darauf warten, endlich Ihre Sicht darzulegen. Das hat mit wertschätzendem Zuhören nichts gemein.

IN DER RUHE LIEGT DIE KRAFT

- Verständnis für den Partner ist der Schlüssel für Konfliktlösungen.
- Verständnis können Sie nur aufbringen, wenn Sie sich in einer achtsamen und ruhigen Situation befinden. Ihr Kopf und Herz müssen bereit sein – sonst ist es eine Mogelpackung.
- Wertschätzendes Zuhören bedeutet, dass Sie bereit sind, die Argumente und Gefühle Ihres Partners wertfrei anzuhören. Sie müssen nicht zustimmen, sollten aber zugleich nicht abwerten. Alles darf sein und gesagt werden.

Dialog statt Diskussion

Der Dialog hat nicht nur unser Paar-, sondern unser gesamtes Familienleben bereichert.   Paar mit zwei Kindern in der Pubertät

Wenn ein Argument auf das nächste folgt und es Ihr Ziel ist, Ihre Ansichten und Meinungen zur Geltung zu bringen, dann befinden Sie sich in einer Paardiskussion. Der Nachteil vom Diskutieren ist, dass es am Ende einen Gewinner und einen Verlierer, erstarrte Fronten oder einen faulen Kompromiss gibt. Alles keine Basis für eine nachhaltige Lösung, das Diskutier-Karussell dreht sich munter weiter. „Immer wieder die gleichen Diskussionen", denken beide genervt.

Ein Dialog ist etwas anderes. Hier geht es nicht um vorgefertigte Meinungen, die in Argumente verpackt präsentiert werden. Beim Dialog geht es darum, sich zu zeigen, Unklarheiten zuzulassen und über sich, den anderen und das Thema etwas zu lernen. Dafür braucht es einen geschützten Rahmen und eine gute Portion Selbstwertgefühl.

Einen Dialograhmen schaffen

Damit ein Dialog zwischen Ihnen als Paar gelingen kann, bedarf es gegenseitiger Wertschätzung und des Willens beider, in einen offenen Dialog zu gehen. Ein optimaler Rahmen für einen Dialog beinhaltet Folgendes:

- einen ruhigen und ungestörten Ort
- ausreichend Zeit
- die Bereitschaft, sich und seine Gefühle zu zeigen
- die Bereitschaft, dem anderem ohne Wertung zuzuhören
- die Nutzung der persönlichen Sprache (Ich-Botschaften)
- keine Äußerungen, die den anderen unter Druck setzen
- das Aushalten von stillen und schweigsamen Momenten, in denen sich Gedanken bilden können

- Ziellosigkeit in dem Sinn, dass Sie niemanden überzeugen wollen
- Offenheit für Optionen und Lösungen, die noch keiner kennt
- die Bereitschaft, in mehrere Dialogrunden zu gehen, um eine für beide Seiten tragbare Lösung zu finden.

Die größte Herausforderung in einem Dialog ist die Offenheit bezogen auf das Ergebnis. Wenn wir uns in einem Konflikt befinden, dann neigen wir stark dazu, unsere Meinung, Perspektive und Vorstellung durchdrücken zu wollen. Sonst wären wir ja gar nicht im Konflikt, oder?

Im Dialog geht es darum, genau dies noch einmal zu hinterfragen:
- Wie komme ich zu meiner Meinung?
- Wieso ist mir mein Standpunkt so wichtig?
- Was bewegt mich an dem Konfliktthema?
- Was habe ich bisher nicht verstanden bei meinem Partner?
- Was kann ich tun, um die Perspektive meines Partners besser nachvollziehen zu können?
- Welche weiteren Perspektiven zum Konfliktthema gibt es?

Sie merken, die Kunst einen Dialog zu führen ist emotionale Arbeit und erfordert Disziplin. Doch es lohnt sich!

Die Früchte eines Dialogs

Sie ernten, was Sie säen – eine Binsenweisheit mit viel Wahrheit dahinter. In einem Streit oder einer Diskussion ernten Sie je nach Lage den Gewinn, den Verlust oder den Kompromiss, mit dem man eigentlich nicht so richtig leben will. Je nachdem, wie die Stimmung während des Konflikts war, hat die Ernte einen entsprechenden Beigeschmack.

In einem Dialog kennen Sie die Früchte am Ende noch gar nicht. Doch Sie bestimmen von Anfang an den Geschmack: Dialog schmeckt nach Augenhöhe, Respekt und Wertschätzung – unabhängig vom Thema.

DISKUSSION VERSUS DIALOG

Ausgangslage: Berufstätiges Paar mit einem Kind. Der Junge ist zwei Jahre alt, die Mutter möchte wieder Vollzeit arbeiten. Damit die Betreuung neben der Krippe klappt, muss der Vater zukünftig verlässlicher von der Arbeit nach Hause kommen.
Position der Frau und Mutter: Sie will in Vollzeit arbeiten; er soll verlässlicher werden.
Position des Mannes und Vaters: Sie soll in Teilzeit wiedereinsteigen; er will seine Karriere nicht gefährden.

Mögliche Diskussion:

Sie: *Ich habe meinen Chef darüber informiert, dass ich in zwei Monaten in Vollzeit wieder einsteige. Bitte richte dich darauf ein.*

Er: *Darüber haben wir so noch nicht gesprochen ...*

Sie: *Doch, du hast nur nie zugehört, wie immer, wenn es um mich und meine Karriere geht.*

Er: *Stimmt doch gar nicht! Außerdem will ich nicht, dass unser Kleiner ohne Mutter aufwächst. Du könntest ruhig bis zum Kindergarten warten mit deinem Job.*

Sie: *Was soll das denn jetzt? Wir hatten von Anfang an geklärt, dass keiner auf seine Karriere verzichten muss. Und jetzt das!*

Er: *Hallo, schon mal aufs Konto geschaut? Wenn ich nicht das Projekt leite, dann fällt der Bonus aus. Den brauchen wir aber! Ich kann doch nichts dafür, dass du weniger verdienst als ich.*

Sie: *Dann verzichtest du halt auf den Skiurlaub mit deinen Freunden, da sauft ihr ja sowieso nur.*

Er: *Jetzt wirst du aber ganz schön unsachlich, typisch! Wer ist denn die Luxus-biene von uns beiden?*

Und so weiter ...

Möglicher Dialog:

Sie: *Ich will in zwei Monaten wieder in Vollzeit einsteigen. Mit meinem Chef habe ich darüber schon gesprochen. Für ihn ist es okay.*

Er: *Das irritiert mich. Ich finde nicht, dass es gut ist für unseren Kleinen. Ich habe das Gefühl, er braucht dich noch ein bisschen länger als Mutter. Und wieso hast du schon mit deinem Chef darüber gesprochen? Da fühle ich mich gerade übergangen.*

Sie: *In meiner Erinnerung habe ich schon oft mit dir darüber gesprochen.*

Er: *Das kann sein; ich bin eben derzeit sehr mit dem neuen Projekt beschäftigt. Da hängt ein fetter Bonus dran, der unserem Konto echt guttun würde.*

> Sie: *Wenn ich Vollzeit arbeite, tut das unserem Konto auch gut. Und du hättest weniger Stress, oder siehst du das anders?*
> Er: *Mag sein, aber ganz ehrlich, ich will nicht, dass unser Kleiner nur fremdbetreut wird.*
> Sie: *Dann müssen wir eine Lösung finden, wie du mehr für ihn da sein kannst. Ich will nämlich wieder Vollzeit arbeiten. Das ist meine Chance, mittelfristig weiterzukommen. Wenn ich Teilzeit mache, dann werde ich zur Sachbearbeiterin degradiert. Dafür habe ich nicht studiert.*
> Er: *Hm, gefällt mir irgendwie nicht. Zugleich kann ich dich auch verstehen.*
> Sie: *Ja, eine verzwickte Lage. Und tut mir leid, wenn ich dich überfahren habe mit der Info, dass ich meinem Chef schon signalisiert habe, dass ich zurückkomme. Ich will das jedoch nur, wenn wir eine Lösung finden, die für uns beide passt. Lass uns eine Nacht drüber schlafen und dann weiterreden.*

In der Diskussion verhärten sich schnell die Fronten. Es hagelt Vorwürfe, und die beiden sprechen bevorzugt über den anderen und sein Fehlverhalten.

Im Dialog üben beide Partner sich in der persönlichen Sprache. Ich-Botschaften dominieren das Gespräch. Am Ende steht noch keine Lösung, sondern ein größeres gegenseitiges Verständnis für die Sachlage – plus eine gute Ausgangsbasis, um im Folgegespräch einen Weg zu finden, den beide gerne gehen können.

DAS EINMALEINS DES DIALOGS

- Ein Dialog besteht aus persönlicher Sprache (Ich-Botschaften).
- Ein Dialog braucht die Bereitschaft beider Partner. Er funktioniert nur, wenn beide mitmachen wollen.
- Ein Dialog ist ein offener Prozess. Ob und welche Lösung gefunden wird, ist zu Beginn unklar.
- Ein Dialog braucht Pausen und Unterbrechungen – die berühmte Nacht zum Darüberschlafen.
- In einem Dialog lernen Sie sich und Ihren Partner besser kennen. Ein Dialog ist somit Dünger für das Wachstum Ihrer Beziehung.

Bei der Erziehung einer Meinung sein?

Früher habe ich immer gedacht, wir Eltern müssen an einem Strang ziehen. Heute wissen wir, dass das Quatsch ist. Wir haben viel weniger Stress als Paar, seitdem wir uns erlauben, als Eltern unterschiedlich zu sein. Paar nach einer Familienberatung

Ein zentraler Konflikt von Eltern ist, dass sie unterschiedlich erziehen. Kinder spüren, dass die Eltern uneins sind beziehungsweise wo sie was bekommen. Schlau wie sie sind, laufen sie zu dem Elternteil, der für sie aktuell am günstigsten ist.

Eltern fühlen sich dann ausgespielt. Das ist eine häufige Rückmeldung, die ich in Vorträgen mit dem Titel „Kinder brauchen Grenzen – oder eher Eltern, die sich abgrenzen?" erhalte: Wenn wir nicht an einem Strang ziehen, dann spielen uns die Kinder aus. Meine Antwort dazu lautet: Stopp! Eltern können nur von Kindern ausgespielt werden, wenn sie es zulassen. Das bedeutet, dass Mutter und Vater unterschiedlich erziehen dürfen; sie sollten nur als Frau und Mann vorher geklärt haben, wer wann und zu welchem Thema das Sagen hat.

Der Unterschied zwischen Grenzen setzen und sich abgrenzen

Kinder brauchen Grenzen. Da sind sich viele Eltern einig. Ich schließe mich einer alternativen Sichtweise an, die der dänische Familientherapeut Jesper Juul ins Spiel gebracht hat: Kinder brauchen keine Grenzen, sondern Eltern, die sich abgrenzen können. Wo ist da der Unterschied?

Am leichtesten fällt er in der Formulierung der Grenzsetzung auf. Sagen Sie: „Man tut das nicht!" oder „Ich will nicht, dass du das tust"? In Version eins wird eine Grenze gesetzt. Wobei man sich gleich fragen darf, wer dieses „man" ist, das das nicht tut. Und schwups testen Kinder gern einmal die Grenze aus, nämlich ob sich hinter diesem „man" nicht doch Mama oder Papa verbergen.

Bei Grenzüberschreitung der Kinder werden Sie dann energischer in Ihrer Formulierung, wenn Ihnen die Grenze wichtig ist. Irgendwann fallen Sie endlich in eine Ich-Botschaft: Wie oft soll ich es noch sagen, ich will das nicht! Aha, denkt sich da das Kind, jetzt habe ich es verstanden: Hinter „Man tut das nicht" verbarg sich doch die Mama. Sie will nicht, dass ich das tue.

Wenn Sie die zweite Variante („Ich will nicht, dass du das tust") wählen, dann sparen Sie sich den Umweg der Grenzüberschreitungen. Ihr Kind versteht sofort, dass Sie hier eine persönliche Grenze ziehen. Wenn es trotzdem über die Grenze geht, dann war die Art und Weise, wie Sie es gesagt haben, nicht klar genug. Vielleicht müssen Sie die Stimme erheben – ohne zu kreischen – oder eine energischere Körperhaltung einnehmen. Zu 90 Prozent wird Ihr Kind Ihre Grenze akzeptieren. Wenn nicht, dann haben Sie ein anderes Problem in der Beziehung zu Ihrem Kind. Mit der aktuellen Grenzziehung hat das nichts mehr zu tun.

Die Kunst des Sich-Abgrenzens

Um sich abzugrenzen gegenüber den Kindern, dem Partner, den Kollegen, den eigenen Eltern oder wem auch immer brauchen Sie die persönliche Sprache:
- Ich will, dass ...
- Ich will nicht, dass ...

Doch Achtung: Mit der persönlichen Sprache machen Sie sich angreifbar. Sie haben jetzt einen klaren Standpunkt bezogen. Wenn Sie harmoniebedürftig sind, dann wird es Ihnen schwerfallen, diese klare Sprache für Ihre Grenzen zu wählen, denn das Risiko des Liebesentzuges durch den Partner oder die Kinder scheint zu groß. Wer nicht auf eine gute Portion Selbstwertgefühl zurückgreifen kann, wird diese riskante Grenzziehung meiden.

Doch der Rückgriff auf das Wörtchen „man" oder schwammige Formulierungen bringen Sie hier nicht weiter. Ihre Grenzen sind dann unglaubwürdig und laden zum Übertritt ein (siehe hierzu auch den Abschnitt „Ich meine, was ich sage").

Leben Sie Ihre Unterschiedlichkeit

Zurück zur Eingangsfrage: Müssen Sie als Eltern einer Meinung sein? Nein! Kinder können sehr gut damit leben, dass Mama und Papa unterschiedlich ticken. Das ermutigt sie sogar selber, einen eigenen Weg in der Entwicklung zu gehen. Eltern sind Vorbilder; gibt es bessere Vorbilder als Elternteile, die glaubwürdig ihre Grenzen setzen?

Falls Sie als Eltern gleicher Meinung sind, wie zum Beispiel „Kein Fernsehen nach 18 Uhr", dann ziehen Sie an einem Strang. Wenn der Vater das lockerer als die Mutter sieht, dann sollten Sie als Eltern klären, wer das Sagen hat. Ich habe Paare erlebt, deren Lösung darin bestand, dass am Wochenende der Vater entscheidet und in der Woche die Mutter. Oder es wurde an das Datum geknüpft: An geraden Tagen entscheidet die Mutter, an ungeraden Tagen der Vater.

Wichtig ist für Sie und die Kinder nur, dass es eine Transparenz gibt, wer entscheidet und dass Sie sich als Eltern daran halten. Wenn nicht, dann haben Sie einen Konflikt als Eltern und nicht mit dem Kind!

TRANSPARENZ UND GRENZEN STATT HARMONIE

- Ziehen Sie nur dann an einem Strang in der Erziehung, wenn Sie wirklich einer Meinung sind.
- Setzen Sie Ihre eigenen persönlichen Grenzen mit Ich-Botschaften.
- Wenn Ihr Partner andere Grenzen hat, dann finden Sie als Elternpaar einen Modus, wer wann über was entscheidet.
- Machen Sie diesen Modus transparent und halten Sie ihn konsequent durch.
- Für Kinder gibt es nichts Besseres als Eltern, die ihnen vorleben, dass jeder eigene individuelle Grenzen hat.

Vor Kindern streiten?

Wir sprechen Alltagskonflikte vor den Kindern an. So lernen sie, wie man mit Konflikten umgeht. Wenn es reine Paarkonflikte sind, dann machen wir das grundsätzlich nur, wenn sie nicht dabei sind.

Paar mit zwei Kindern

Ein ganz schwieriges Thema. Grundsätzlich gilt: Nein, Sie sollten nicht vor den Kindern streiten. Sie können vor den Kindern einen Konflikt haben und sagen, dass Sie unterschiedlicher Meinung sind. Doch streiten mit emotionalen Ausbrüchen sollten Sie nicht vor den Kindern. Das verängstigt und verstört diese.

Kinder bestehen zu 50 Prozent aus ihrer Mutter und zu 50 Prozent aus ihrem Vater. Jeder Streit stellt Kinder vor eine Loyalitätsfrage, die ihnen nicht guttut. Halten Sie Ihre Kinder aus den Streiten als Paar heraus. Und noch wichtiger ist: Instrumentalisieren Sie niemals Ihre Kinder gegen Ihren Partner!

Die Verlockung innerhalb einer emotionalen Auseinandersetzung ist manchmal groß, die Kinder auf die eigene Seite ziehen zu wollen. Das ist eine Art emotionaler Missbrauch den Kindern gegenüber. Lassen Sie das sofort, falls Sie dazu neigen!

Kinder spüren Ungereimtheiten in der Beziehung

Kinder haben außergewöhnliche gute Antennen dafür, wie es den Eltern geht. Das ist eine phänomenale Fähigkeit, die von Geburt an vorhanden ist. Jesper Juul spricht hier vom kompetenten Kind. Kompetent im Sinne von einer hohen sozialen Bindungsfähigkeit, die ein Baby mit auf die Welt bringt. Ist auch logisch, denn Babys brauchen die Eltern und bevorzugt die Mutter, um überleben zu können. Also wird jedes Kind von Anfang an alles Mögliche tun, um eine Beziehung und Bindung zu den Eltern aufzubauen.

Die Geborgenheit der Baby-Eltern-Beziehung ist die Grundlage für eine gute Entwicklung zum Kleinkind, Kind und so weiter. Alles, was diese Sicherheit gefährdet, erzeugt Angst. Außerdem neigen Kinder dazu, die Beziehung der Eltern kitten zu wollen, damit diese nicht in die Brüche geht. Bei einer Trennung liegt die größte Herausforderung darin, den Kindern klarzumachen, dass sie nicht schuld sind, dass dies ein Thema von Frau und Mann ist, dass Sie immer Mama und Papa bleiben.

Kinder brauchen Wahrheit und Eltern mit Verantwortung

Wenn Ihr Kind spürt, dass es zwischen Ihnen als Paar knirscht, dann lügen Sie Ihr Kind nicht an. Kinder brauchen die Wahrheit, sonst glauben sie, dass ihr eigenes Spüren falsch sei. Das hinterlässt potenziell eine tiefe Verunsicherung bezogen auf die eigene Gefühlswelt, die in dem Glaubenssatz „Ich bin falsch mit meinen Gefühlen" gipfeln kann.

Also übernehmen Sie als Eltern die Verantwortung für Ihre Konflikte und spielen Sie Ihren Kindern keine heile Welt vor. Wenn Ihr Kind Sie auf einen Streit als Paar anspricht, ihn live miterlebt oder sieht, dass Sie emotional aufgewühlt sind, dann bestätigen Sie Ihr Kind in seiner Wahrnehmung. Gleichzeitig – das ist sehr wichtig – übernehmen Sie die Verantwortung als Eltern für den Konflikt. Sagen Sie ihm die Wahrheit in kindgerechten Worten:

- Zurzeit haben Mama und Papa ein Problem miteinander. Doch das muss dich nicht beunruhigen, wir lösen das.
- Ja, es stimmt, ich bin wütend auf Papa. Doch das hat nichts mit dir zu tun. Ich regle das mit Papa.
- Ich finde es nicht gut, dass Papa dir erlaubt hat, nach 20 Uhr Youtube zu gucken. Das werde ich mit Papa klären, damit wir als deine Eltern in Zukunft besser abgestimmt sind. Heute hattest du echt Glück, so einen Papa zu haben.
- Ja, ich bin echt aufgeregt. Ich brauche eine kurze Pause von zehn Minuten, um wieder ruhig zu werden. Ich stelle den Wecker, und wenn er klingelt, bin ich wieder für dich da.
- Mama ist spazieren gegangen, weil sie wütend auf mich ist. Wir haben unterschiedliche Meinungen; das hat nichts mit dir zu tun. Nachher sprechen Mama und ich und finden eine Lösung für unser Problem.

Allen Beispielsätzen ist gemein, dass auf der einen Seite die Wahrnehmung des Kindes bejaht wird und auf der anderen Seite die Verantwortung für den Streit bei Ihnen als Eltern bleibt.

Heikel ist es, wenn Sie mit Ihrem Kind noch nicht sprechen können, da es zu klein ist. Babys und Kleinkinder spüren die Atmosphäre, in der sie sich befinden. Sie als Mutter und Vater sind die Grundpfeiler der Sicherheit. Vermeiden Sie Streit vor einem Baby oder Kleinkind. Verschieben Sie den Konflikt auf eine Zeit, wenn das Kind nicht anwesend ist. Das ist Ihre elterliche Verantwortung.

Wenn der Partner sich mit Kind gegen mich positioniert

So leid es mir tut, jetzt haben Sie ein echtes Problem. Wenn Sie oder Ihr Partner das Kind nutzt, um die eigene Position zu stärken, dann ist das eine unverantwortliche Handlung. Das Kind wird missbraucht. Ich schreibe dies bewusst so hart, denn Kinder lieben immer beide Elternteile.

Ein Kind zu nötigen, sich auf eine Seite von streitenden Eltern zu stellen, heißt daher auch immer, dass das Kind sich gegen eine Seite in seinem Inneren stellen muss. Bevor das Kind die Liebe beider Eltern verliert, neigt es zum Beispiel dazu, mit der Mutter gegen den Vater zu sein. Gesund für die kindliche Entwicklung ist das nicht.

DIE BETROGENE FRAU

Nehmen wir an, Ihr Mann hatte eine kurze Affäre mit einer Kollegin. Das ist nachträglich rausgekommen und Sie als Frau sind tief verletzt und stinksauer. Ihr gemeinsames Kind (fünf Jahre alt) spürt die emotionale Krisenlage und versucht, mit Scherzen eine heile Welt aufrechtzuerhalten. Gleichzeitig neigen Sie dazu, vor Ihrem Kind über den Vater zu schimpfen. Nicht, weil Sie es wollen, sondern weil Sie tief verletzt sind und manchmal die Kontrolle verlieren. Ein realistisches Szenario in Familien. Was tun?

Die Wahrheit sagen:
„Ja, ich bin sehr traurig und wütend auf deinen Vater. Er hat etwas gemacht, was mir sehr weh tut. Das hat nichts mit dir zu tun."

Verantwortung übernehmen:
„Es tut mir leid, wenn ich über Papa schimpfe, während du da bist. Das ist nicht richtig. Er ist dein Papa und er ist als Papa gut für dich. Ich werde ab sofort mit einer Freundin telefonieren, wenn ich wütend werde. Du brauchst dich auch nicht um uns zu kümmern. Wir – Papa und ich – kümmern uns um dich!"

Puh, werden Sie vielleicht denken, das ist ja eine Mammutaufgabe. So viel Selbstkontrolle in einer so verletzenden Situation aufzubringen, das ist nicht einfach. Stimmt, das ist nicht einfach, und doch ist es die Verantwortung von Eltern.

Umso wichtiger sind jetzt Freundschaften und andere Netzwerke, die Sie in so einer Konfliktphase unterstützen können (siehe hierzu auch den Abschnitt „Freundschaften und Hobbys"). Falls dies nicht ausreicht, dann sollten Sie sich alleine oder als Paar unbedingt professionelle Hilfe suchen. Bedenken Sie, als Paar können Sie sich trennen, als Eltern bleiben Sie in Verantwortung. Nehmen Sie diese an – Ihrem Kind zuliebe.

STREIT VOR DEN KINDERN

- Sagen Sie kindgerecht die Wahrheit, wenn das Kind einen Konflikt mitbekommt.
- Bedenken Sie, Kinder spüren Konflikte unter der Oberfläche der angeblich heilen Welt innerhalb der Familie.
- Bestätigen Sie das Gespür Ihres Kindes und lügen Sie Ihr Kind nicht an. Dafür brauchen Sie einfühlsame Worte.
- Machen Sie immer deutlich, dass der Konflikt zwischen Ihnen als Paar besteht und von Ihnen als Paar gelöst wird. Übernehmen Sie hier die Verantwortung.
- Ziehen Sie niemals Ihr Kind in den Konflikt hinein. Ihr Kind muss unabhängig bleiben können und dürfen.
- Holen Sie sich Hilfe für Ihren Konflikt, falls er eskaliert oder das Kind darauf reagiert. Das ist Ihre schützende Verantwortung als Mutter oder Vater.

Hilfe holen!

Ich wollte schon früh eine Paarberatung.
Doch mein Mann sagte lange Nein. Da habe ich
mir erst einmal nur für mich Hilfe gesucht.
Mit dem Ergebnis, dass ich mein Verhalten geändert habe.
Das hat ihn beeindruckt.
Jetzt sind wir zu zweit in Beratung.   Frau und Mutter

Wenn Sie nicht mehr weiterwissen oder -können, dann holen Sie sich Hilfe. Es gibt einen Punkt, wo Gespräche mit Freunden oder Bücher, Vorträge und Seminare nicht weiterhelfen. Dann brauchen Sie eine neutrale und wohlwollende Unterstützung als Paar, um aus dem Konfliktkreis auszusteigen.

Damit eine Paarberatung oder Paartherapie erfolgreich sein kann, müssen beide Partner bereit sein. Sie müssen es wollen. Hier liegt schon die erste Hürde, denn oft ist es so, dass nur einer von beiden die Notwendigkeit sieht. Für den anderen ist es dann plötzlich doch nicht so schlimm. Zu über 90 Prozent erlebe ich in meiner Praxis, dass der Impuls für die Paarberatung von den Frauen ausgeht.

Hindernisse aus dem Weg räumen

Sie können niemanden zu einer Paarberatung zwangsverpflichten. Freiwilligkeit ist die Basis für eine erfolgreiche Beratung. Wenn Ihr Partner sich sträubt oder die Notwendigkeit nicht sieht, dann gibt es dafür aus seiner Sicht Gründe. Leider befinden Sie sich in einem Stadium, wo es Ihnen nicht gelingt, dafür Verständnis aufzubringen. Die Zeiten des verständnisvollen Miteinanders pausieren gerade, sonst bräuchten Sie vermutlich keine Beratung.

Wie gelingt es trotzdem, eine Paarberatung zu beginnen? Sie sollten folgende Fragen für sich im Vorfeld klären:

- Will ich wirklich eine Paarberatung?
- Um was geht es mir dabei? Was will ich gemeinsam ändern?
- Bin ich bereit, mein Verhalten auf den Prüfstand zu heben?
- Suche ich einen Verbündeten für meine Sache oder geht es mir wirklich um die Partnerschaft?

Je ehrlicher und offener Sie Ihre Hilflosigkeit Ihrem Partner zeigen und auf der anderen Seite deutlich signalisieren, dass Sie bereit sind, sich zu ändern, umso größer ist die Wahrscheinlichkeit, dass Ihr Partner Ihrem Beispiel folgt.

Fatalerweise gibt es auch ein anderes Szenario auf Ihre Offenheit hin. Ihr Partner könnte bequem sagen: „Das ist dein Problem. Dann löse es doch für dich. Was habe ich damit am Hut?" Wenn er sich auf diese Position zurückzieht, dann sollten Sie eine Einzelberatung in Betracht ziehen, um sich zu stärken und Ihr Verhalten zu justieren. Ihr Partner wird die Auswirkungen Ihres neuen Verhaltens schon bemerken. Manchmal reicht das bereits aus, um im Konflikt konstruktiv weiter zu kommen.

Ein gutes Zeitfenster, um eine Paarberatung vorzuschlagen, ist nach einem heftigen Streit. Wenn beide Beteiligten merken, so geht es nicht weiter, so wollen wir nicht leben, das gefährdet unsere Familie, dann ist die Offenheit kurz da. Nach einer Woche setzt gern das Verdrängen ein, und es kann sein, dass der Impuls verpufft. Daher nutzen Sie bewusst die Zeit nach einer Auseinandersetzung, um eine Zustimmung für die Beratung zu bekommen. Das beste Zugpferd für den Schritt über die Schwelle ist ein fester Termin mit einer Beraterin oder einem Berater.

Wie finde ich die richtige Beratung?

Eine gute und für Sie passende Paarberatung zu finden ist nicht einfach. Am besten ist es, Empfehlungen von Bekannten oder Freunden zu folgen. Falls es keine gibt oder Sie nicht nachfragen möchten, dann hilft Google weiter. Bei den Suchergebnissen sollten Sie folgende Kriterien walten lassen:

- Wollen Sie eine Frau, einen Mann oder ein Paar als Berater?
- Wollen Sie eine Paarberatung oder eine Paartherapie? Beraten darf jeder; Therapeuten brauchen eine Ausbildung als Arzt oder Heilpraktiker.
- Überprüfen Sie die Ausbildungen und Philosophien, die hinter der Beratung stehen. Passen diese zu Ihrem Wertesystem?
- Passt die Beratung zu Ihrem Thema? Wenn Sie sexuelle Probleme haben, dann hilft Ihnen die katholische Eheberatung mit großer Wahrscheinlichkeit nicht weiter.
- Wie viel Geld können und wollen Sie ausgeben? Es gibt kostenlose Angebote von Verbänden und Organisationen.

Lassen Sie sich bitte nicht von Hochglanz-Auftritten blenden. Die Qualität einer Paarberatung liegt in dem persönlichen Kontakt zum Berater und nicht in seinen Marketingmaßnahmen.

Worauf Sie während der Beratung achten sollten

Die Qualität des Beratungsprozesses können Sie nur in der Praxis erfahren und erleben. Normalerweise bieten Paarberater ein kostenloses Vorgespräch an – persönlich oder per Telefon. Hier beschreiben Sie Ihr Anliegen, und der Berater erläutert Ihnen seine Vorgehensweise und Philosophie. Professionelle Berater erkennen Sie übrigens daran, dass sie im Vorgespräch klären, ob sie überhaupt die richtigen für Sie sind. Mein Fokus liegt zum Beispiel auf der Beziehungsberatung von Paaren mit Kindern. Sexualberatung gehört bei mir nicht dazu. Das kläre ich im Vorfeld ab.

Im Rahmen einer Beratung sollten Sie stets auf drei Punkte achten:

- Ist der Berater parteiisch?
- Will der Berater Ihnen ein Konzept oder Programm verkaufen?
- Hört der Berater Ihnen zu oder spricht er lieber von sich und seinen Erfahrungen?

Trifft einer der Punkte zu, dann sind Sie schlecht beraten und sollten sich eine Alternative suchen.

DEN RICHTIGEN BERATER FINDEN

- Fragen Sie nach Empfehlungen im Bekannten- und Freundeskreis.
- Suchen Sie im Internet nach für Sie ansprechenden Anbietern. Sie sollten vorher genau wissen, was Sie wollen, um zielgerichtet zu suchen.
- Achten Sie darauf, dass der Berater neutral ist und Ihnen keine vorgefertigten Lösungen verkaufen will.

SONDERFALL PATCHWORK

Der Flickenteppich unter den Beziehungen ist eine komplizierte Paarvariante. Nicht immer einfach, nicht immer klar und mit unterschiedlichen Stolperfallen ausgestattet. Zum Gelingen bedarf es viel Herz, Offenheit und Rücksichtnahme. Lesen Sie hier, welche Herausforderungen auf Sie warten könnten und wie Sie diese meistern.

Mein Kind ist das Allerwichtigste auf der Welt für mich. Mein neuer Partner muss das aushalten.   Alleinerziehende Mutter

Der Ex-Mann meiner Partnerin schwebt immer bei uns rum, obwohl er 600 Kilometer entfernt wohnt und sich kaum meldet. Das nervt.
     Mann in Partnerschaft mit Frau und deren Tochter (3) aus erster Ehe

Wenn Sie sich in Großstädten in den Schulen umhören, dann sind klassische Familien teilweise die Ausnahme. Alleinerziehende Mütter sowie einige wenige Väter plus mannigfaltige Patchwork-Varianten sind an der Tagesordnung. Die Stigmatisierung von Patchwork-Paaren gehört zum Glück der Vergangenheit an. Das macht es auch den Kindern einfacher, mit der Situation zu leben; trotzdem bleibt sie für alle Beteiligten eine Herausforderung der Extraklasse.

Der erste Schritt für ein gesundes Gedeihen von einer Patchwork-Familie ist anzuerkennen, dass es nicht einfach ist. Wer sich hier nicht in die Tasche lügt und auf seine Gefühle, Bedürfnisse, Ängste und Hoffnung schaut, der ist gut unterwegs auf dem Flickenteppich.

Wer dann noch Augen und Ohren für den Partner sowie die eigenen oder fremden Kinder hat, der hat eine gute Chance für das Gelingen.

Als Partner immer nur zweite Wahl?

Ich bin eifersüchtig auf die Töchter meines Partners. Ich weiß,
das ist kindisch, und doch ist es so. Wenn wir zusammen sind,
ist es häufig ein emotionaler Drahtseilakt – für alle!

Kinderlose Frau mit Partner, der zwei Töchter hat

Ich wollte eine Frau mit Sex-Appeal und Spaß am Leben.
Plötzlich war ich ein Ersatzpapa. Manchmal denke ich, sie hat nur
einen Mann für ihr Kind und nicht für sich gesucht.

Kinderloser Mann mit Partnerin, die einen Jungen hat

Kann man als Erwachsener auf Kinder eifersüchtig sein? Ja, man kann. Nehmen Sie es wertfrei hin, das Gefühl ist da, auch wenn es sich nicht gut anfühlt und Sie nicht weiterbringt. Es ist ein Phänomen in vielen Patchwork-Beziehungen und wird gern totgeschwiegen. Es ist etwas anderes, ob beide von Ihnen Eltern von einem oder mehreren gemeinsamen Kindern sind oder ob Sie als neuer Partner die Kinder aus einer anderen Partnerschaft mit betreuen.

Herausfordernde Ausgangssituation

Alleinerziehende oder von ihren Kindern getrennt lebende Menschen wünschen sich eine neue Partnerschaft. Gleichzeitig gehen sie nicht unbedarft in eine neue Beziehung. Allein das Anbahnen einer neuen Liebe fällt schwerer, denn häufig will ein neuer Partner in der Verliebtheitsphase nur die Frau oder den Mann, aber nicht das Kind.

Oft höre ich von Alleinerziehenden, wie hart es ist, auf dem Liebesmarkt den Mann zu finden, der bereit ist, Frau mit Kind zu lieben – über den schnellen Sex hinaus. Wenn es dann doch klappt, dann beginnt die herausfordernde Phase, eine gemeinsame Beziehung aufzubauen.

Herausfordernd, da die Ausgangspunkte unterschiedlich sind: Während sich kinderlose Singles verlieben, ein Paar werden und beschließen, eine Familie zu gründen, fehlt bei Patchwork diese gemeinsame Vorstufe und Parallelität der Erfahrungen. Einer oder beide haben bereits Kinder bekommen und die Phasen mit einem anderen Partner durchlaufen – inklusive Trennung.

Loyalitätskonflikte des Elternteils

Jeder, der leibliche Kinder hat, kennt die Dimensionen der elterlichen Liebe. Gleichzeitig will man seine Liebe dem neuen Partner schenken. Eltern- und Partnerliebe sind zwei unterschiedliche Paar Schuhe. Doch beiden ist gemein, dass es um Aufmerksamkeit geht: Wer bekommt wann und wie welche Aufmerksamkeit? Wie sieht der potenzielle Wettstreit von Kind und neuem Partner um Ihre Liebe aus?

Es können Kleinigkeiten sein, die den großen Unterschied ausmachen:
- Wer geht an Ihrer Hand beim Spazierengehen?
- Wem hören Sie zu, wenn beide Ihnen etwas sagen wollen?
- Ihr Kind will bei Ihnen schlafen – wer verlässt das Bett?
- Das Kind schwärmt von seinem Vater, Ihr Partner ist merklich genervt davon. Was tun?
- Sie planen einen schönen romantischen Ausgeh-Abend, und Ihr Kind boykottiert urplötzlich den Babysitter. Gehen oder bleiben?

Die Liste ließe sich unendlich weiterführen. Sie können jetzt als Einwand bringen, dass diese Situationen auch bei Paaren auftreten, die nur gemeinsame Kinder haben. Stimmt! Doch der Unterschied liegt darin, dass die Toleranzschwelle bei Eltern deutlich höher liegt als bei einem Patchwork-Partner. Ausnahme: Wenn der Partner selber bereits Kinder hat, dann kann er viel besser nachvollziehen, was in Ihnen gerade vorgeht, wenn Sie sich entscheiden müssen, wem Sie Ihre Aufmerksamkeit geben.

Vorrang hat das eigene Kind

Das Dilemma, in dem Sie sich befinden, liegt darin, dass Ihr Elternherz erkennt, dass Ihr Kind jetzt Liebe und Aufmerksamkeit braucht, zeitgleich aber Ihr Frau- oder Männerherz Wünsche hat. Egal wie Sie sich entscheiden, am Ende haben Sie den Schwarzen Peter: Fällt Ihre Wahl auf Ihr Kind, dann kann es sein, dass der Partner grollt, fällt Ihre Wahl auf den Partner, kommt der bittere Beigeschmack des schlechten Gewissens dazu, denn Sie spüren, dass Ihr Kind Sie gerade braucht.

Für die Entwicklung Ihres Kindes gebe ich Ihnen eine klare Empfehlung: Wenn Ihr Kind noch nicht volljährig ist, dann entscheiden Sie sich für Ihr Kind – immer! Ihr Kind *braucht* Sie; Ihr Partner *will* Sie. Das ist ein Unterschied. Und wenn Ihr Partner Sie wirklich und von Herzen will, dann wird er verstehen, dass Sie auch Mutter oder Vater sind und nicht nur Frau oder Mann.

Wer hier als Partner nörgelt, hat Bedürfnisse, die Sie nicht erfüllen können, ohne selbst dabei auszulaugen. Ihr Kind hat Priorität, denn es befindet sich in einer existenziellen Krise: Kein Kind wünscht sich, dass die Eltern sich trennen. Jeder neue Partner stellt erst einmal eine Bedrohung dar.

Nur Second-Best?

Nein, als der Partner ohne Kind sind Sie nicht zweite Wahl. Sie sind die Person, die von Herzen geliebt wird und mit der Ihr Partner mit Kind zusammensein will. Sie sind in der Erwachsenenwelt erste Wahl!

Wenn Sie das Gefühl der Benachteiligung in sich spüren, dann liegt dies an Ihrem inneren Kind, das sich übersehen sieht. Kein Erwachsener wird ernsthaft mit einem Kind in einen Wettstreit um die Liebe einer Frau oder eines Mannes gehen. Das innere Kind im Erwachsenen hingegen schon.

Das innere Kind symbolisiert alte Gefühle, Erinnerungen und Erfahrungen aus der eigenen Kindheit. Bedürfnisse, die damals nicht oder unzureichend von unseren Eltern erfüllt wurden, versuchen wir ein Leben lang zu befriedigen – vorzugsweise in einer Beziehung.

Wenn wir als Kind missachtet wurden, dann kann es sein, dass wir uns einen Partner suchen, der uns auch missachtet. Damit wären wir in einem sicheren Umfeld, da wir ja von Kindesbeinen an glauben, dass wir missachtet gehören. Oder wir haben einen Partner, der uns volle Aufmerksamkeit schenkt. Das bedeutet, wir sorgen für die externe Bedürfniserfüllung mit der Beziehung.

In beiden Fällen liegt der Fallstrick darin, dass die Bedürfniserfüllung vom Partner abhängig gemacht wird. Das lässt auf ein mangelndes Selbstwertgefühl schließen. Das ist verständlich, denn wo soll das Selbstwertgefühl herkommen, wenn man missachtet wurde oder wird? Die Lösung für einen kinderlosen Patchwork-Partner lautet daher: Stärke dein Selbstwertgefühl!

Mit einem guten Selbstwertgefühl werden Sie niemals in eine Konkurrenzsituation zu einem Kind geraten. Sie fühlen sich aus sich heraus wertvoll und sind nicht abhängig von der Aufmerksamkeit Ihres Partners. Sie sorgen für sich selbst und genießen die Paarzeiten – mit und ohne Kind.

TIPPS FÜR KINDERLOSE PATCHWORK-PARTNER

- Ihr Partner mit Kind befindet sich in Loyalitätskonflikten: Das eigene Kind oder Sie, wer steht in der Liste ganz oben?
- Vermeiden Sie Wettbewerbssituationen mit dem Kind. Das hilft Ihrem Partner. Im Wettbewerb um die Aufmerksamkeit werden Sie höchstwahrscheinlich verlieren oder Sie haben einen Partner mit einer gehörigen Portion schlechten Gewissens an Ihrer Seite. Beides wollen Sie nicht, oder?
- Sorgen Sie für Ihr Selbstwertgefühl. Dann sind Sie nicht abhängig von der Aufmerksamkeit Ihres Partners.
- Sie sind nur zweite Wahl, wenn Sie sich mit dem Kind vergleichen. Als Frau oder Mann sind Sie erste und einzige Wahl!

Wenn Kinder den Partner nicht mögen

Du bist nicht mein Papa!
Du hast mir gar nichts zu sagen!
Geh weg, ich mag dich nicht!   Mädchen (7) zum neuen Freund der Mutter

Sie haben sich verliebt; endlich wieder einmal fliegen Schmetterlinge in Ihrem Bauch herum. Erste Küsse sind getauscht und Sie haben nach langer Durststrecke wieder Sex gehabt, sie sind nicht mehr nur Mutter oder Vater, sondern werden wieder als Frau oder Mann begehrt.

Und jetzt der Moment der Wahrheit: Der neue Partner wird dem Kind vorgestellt. Sie beide bemühen sich und gehen rücksichtsvoll und behutsam mit der Situation um und doch schwant Ihnen, dass das kein leichter Gang wird. Ihr Kind reagiert eventuell neugierig, distanziert, abwehrend oder ganz verschlossen.

Für Sie als Elternteil ist es ganz wichtig, dass Sie jede Reaktion Ihres Kindes zulassen – auch auf die Gefahr hin, dass Ihr neuer Partner sich nicht willkommen fühlt. Das ist er in diesem Fall aus Kindersicht auch nicht. Erlauben Sie unbedingt Ihrem Kind jede Reaktion auf die Nachricht, dass es einen neuen Menschen in seinem Leben gibt. Einen Menschen, den das Kind weder eingeladen noch ausgewählt hat. Und einen Menschen, der allein durch sein Dasein im Leben der Mutter oder des Vaters die Trennung der Eltern noch einmal deutlicher macht.

Was steckt hinter der Ablehnung?

Die Details einer kindlichen Ablehnung eines neuen Partners sind höchst individuell. Doch es gibt wiederkehrende Muster, die auftreten können:

- Angst vor Verlust der Mutter oder des Vaters an den neuen Partner
- die Erkenntnis, dass die Eltern wirklich getrennt sind. Mit einem neuen Partner ist die Wiederzusammenführung der Eltern, die sich viele Scheidungskinder unabhängig vom Alter wünschen, schwieriger.
- Angst, dass eine neue Familie gegründet wird, zu der man als Kind nur halb dazugehört
- Konkurrenz zu möglichen neuen Geschwisterkindern

Wenn Ihnen Ihr Kind und Ihr neuer Partner am Herzen liegen, dann sollten Sie sich auf einen langen und behutsamen Prozess vorbereiten, um die Ablehnung Ihres Kindes in Zuversicht umzuwandeln – ohne Garantie, dass es klappt.

WANN STELLE ICH MEINEN NEUEN PARTNER VOR?

Sie sind vielleicht überglücklich, einen neuen Menschen gefunden zu haben, der mit Ihnen durchs Leben gehen will. Ihre Euphorie sollten Sie Ihrem Kind erst mitteilen, wenn Sie sicher sind und wirklich mit dem Partner eine längerfristige Beziehung eingehen wollen. Alle anderen Varianten gehen Ihr Kind nichts an. Dazu zählen:

- schöne Affären
- Freundschaft Plus
- sexuelle Abenteuer
- Unverbindlichkeit welcher Art auch immer

Ihre Erfahrungen und Varianten können Sie unbedingt mit Freundinnen oder Kumpels teilen, jedoch nicht mit Ihren Kindern. Ihr Sexleben geht Ihr Kind nichts an! Es belastet jedes Kind nur noch mehr, denn es hat schon genug an der Trennung zu knabbern. Wenn Sie ihm also einen Partner vorstellen, dann sollten Sie wirklich sicher sein, dass Sie und Ihr Partner eine Beziehung wollen – und zwar im vollen Bewusstsein, dass es ein Kind gibt.

Achtung, kleine Warnung eines Mannes: Für Sex gaukeln Männer gern einen Beziehungswunsch vor. Achten Sie darauf und prüfen Sie wirklich, was Ihr Partner will, bevor Ihr Kind ins Spiel kommt.

Verantwortlicher Umgang mit der Ablehnung

Faustregel: Ihr Kind hat das Recht, Ihren Partner nicht zu mögen! Lassen Sie ihm dieses Recht. Das mag sich für Sie blöd und traurig anfühlen, doch Sie können und sollten niemanden zwingen, jemand anderen zu mögen. Erst recht nicht Ihr Kind, denn es kann sich nicht wehren. Bevor es Ihre Liebe verliert, macht es gute Miene zum bösen Spiel. Das fällt Ihnen spätestens in der Pubertät gehörig auf die Füße.

Die Ablehnung Ihres Kindes können Sie langsam und einfühlsam abschwächen. Dazu gehören folgende Schritte:

- Erlauben Sie Ihrem Kind jegliche Art von Gefühlen und deren Äußerungen.
- Zeigen Sie Ihrem Kind körperlich und verbal, dass es Sie als Mutter oder Vater nicht verlieren wird.
- Machen Sie deutlich, dass der neue Partner niemals der neue Vater oder die neue Mutter sein wird.
- Unterbinden Sie sofort jeden Versuch des neuen Partners, sich als Elternteil zu etablieren oder aufzuspielen.

Gerade die letzten zwei Punkte sind heikel. Alleinerziehende Mütter wünschen sich manchmal einen Mann im Haus, der die Vaterrolle annimmt; alleinerziehende Väter oder Wochenendpapas haben es auch gern, wenn die neue Partnerin mütterlich agiert. Beide Fälle sind falsch und eine handfeste Lüge für das Kind. Es gibt nur *eine* Mutter und *einen* Vater – das sind die leiblichen Eltern. Punkt.

Als neuer Partner können Sie als Stiefvater oder -mutter agieren. Diese Bezeichnungen erinnern an die bösen Stiefeltern in den Märchen, wo es nie gut für das Kind ausging. Der Familientherapeut Jesper Juul stellt in seinem lesenswerten Patchwork-Buch „Aus Stiefeltern werden Bonus-Eltern" die Begriffe Bonus-Vater und Bonus-Mutter vor. Viel besser gefällt mir der Juulsche Impuls, dass die neuen Partner nie mehr sein können als echte gute Freunde für das Kind.

Freundschaft mit dem Partner der Mutter oder des Vaters ist ein Hauptgewinn für das Kind. Da ist ein Mensch, der sich um mich kümmert, der sich für mich interessiert und zugleich einer, der seine Grenzen mir gegenüber kennt und wahrt. Diese Rolle erleichtert das Verhältnis zum Kind sehr und ist zugleich nicht die gewünschte Rolle des Elternteils. Die Mutter oder der Vater suchten vielleicht Ersatz für den getrennten Elternteil. Doch das ist nicht die Rolle eines Patchwork-Partners.

Am Ende gibt es Einzelfälle, wo es bei allen Bemühungen nicht gelingt, die Ablehnung des Kindes aufzuheben. Dann müssen Sie sich entscheiden, wer und was Ihnen wichtiger ist. Als Entscheidungshilfe noch einen Impuls von Jesper Juul aus seinem Patchwork-Buch: Er ist aufgrund seiner langjährigen Erfahrung mit Familien davon überzeugt, dass Kinder spüren, ob ein Partner zu dem Elternteil passt oder nicht. Eine konsequente und anhaltende Ablehnung kann also für Sie ein Warnsignal sein: Ist der Partner wirklich gut für mich?

UMGANG MIT KINDLICHER ABLEHNUNG

- Erlauben Sie Ihrem Kind jedes Gefühl bezogen auf Ihren neuen Partner.
- Vergewissern Sie Ihr Kind mit Taten und Worten, dass die Liebe zu ihm nie gefährdet ist.
- Stellen Sie erst den Partner vor, wenn Sie sich wirklich sicher sind, dass Sie eine längere Beziehung eingehen wollen.
- Ihr neuer Partner ist niemals ein neuer Elternteil, sondern im besten Fall ein guter neuer Freund für das Kind. Dieses Selbstverständnis sollten Sie und der Partner haben, bevor Sie das Abenteuer Patchwork beginnen.

Wenn der Partner die Kinder nicht mag

Manchmal wünsche ich mir, sie wäre kinderlos.

Kinderloser Mann mit Freundin, die zwei Kinder hat

Ein weiteres Patchwork-Tabuthema ist, wenn der neue Partner mit den Kindern nichts anfangen kann oder sie sogar nicht mag. Er ist in Sie verliebt und will Sie als Frau oder Mann. Die Kinder nimmt er als kleines Übel mit, um mit Ihnen in Beziehung sein zu können.

Kinder ahnen sehr früh diese Antipathie und reagieren ablehnend. Das ist eine gesunde Schutzreaktion. Wenn diese Ablehnung jedoch länger anhält und beidseitig sowohl im Kind als auch im neuen Partner vorhanden ist, dann gibt es nur eine Lösung: Trennung vom Partner.

Schwierig wird es erst, wenn Sie blind vor Liebe gegen Ihr Kind agieren, um den neuen Partner nicht zu verlieren. Das hinterlässt emotionale Wunden und lebenslange Narben in der Seele des Kindes. Wenn Sie in dieser Situation sein sollten, dann wachen Sie jetzt auf und handeln! Es ist nie zu spät, sich wieder für das eigene Kind zu entscheiden. Ein klares Bekenntnis hilft auf jeden Fall der guten emotionalen Wundheilung – die Narbe wird jedoch bleiben.

Perspektive: Sie als neuer Partner mögen die Kinder nicht

Wenn Sie sich in eine tolle Frau oder einen faszinierenden Mann verlieben, dann verlieren Sie den Sinn für die Realität. Alles Negative und Störende wird ausgeblendet. Das ist auch gut so. So ist Verliebtheit eben – rosarote Brille inklusive.

Nach den ersten Dates und Annäherungen erfahren Sie, dass Ihr Schwarm ein oder mehrere Kinder hat. Für einige ist das ein Schlag in die Magengegend. „Ich will doch keine Familie heiraten" ist Ihr Impuls, und weg sind Sie.

Sicherlich kämpfen in so einem Moment widersprüchliche Gefühle und Stimmen in Ihnen. Der eigene geplatzte Traum, gemeinsam eine Familie zu gründen und alle Phasen zu durchlaufen mag diesen Fluchtreflex in Ihnen auslösen. Andere fühlen intensiv den möglichen Wettbewerb mit dem Kind um die Aufmerksamkeit des Partners und wissen, dass sie ihn sehr wahrscheinlich verlieren werden. Auch hier ist eine häufige Reaktion das Beziehungsaus.

Wenn Sie trotzdem der neuen Partnerschaft eine Aussicht auf Erfolg geben wollen, dann bleibt Ihnen nur ein Weg: Sie müssen Ihre ablehnenden Gefühle offen und ehrlich dem Partner sagen. Das ist eine Hammeraufgabe. Denn allein mit Ihrem Bekenntnis zur Ablehnung riskieren Sie die sofortige Zurückweisung durch den Partner. Und doch ist es Ihre einzige Chance, die Partnerschaft zu retten.

Wenn es Ihnen gelingt, diesen Spagat zwischen der Liebe zum Partner und der Ablehnung von dessen Kindern offenzulegen, dann kann daraus ein unkonventionelles Wachstum als Paar entstehen, und zwar auf mehreren Ebenen. Hier werden Sie nämlich mit sich selbst konfrontiert:

- Wieso mag ich das Kind nicht?
- An was erinnert es mich?
- Welche meiner Bedürfnisse stehen im Wettbewerb zu den Bedürfnissen des Kindes?
- Wie schaffe ich es, trotz meiner Gefühlswelt mit dem Kind respektvoll umzugehen?
- Welche Rolle erwartet mein neuer Partner von mir bezogen auf das Kind? Kann und will ich diese Rolle erfüllen?
- Gibt es einen Weg, Frau und Mann zu sein – ohne Kind?

Mit diesen Themen befinden Sie sich auf einem hochexplosiven emotionalen Minenfeld. Als Paar hier unbeschadet herauszukommen ist eine Meisterleistung und bedarf von beiden Seiten absoluter Offenheit sowie der Bereitschaft, Vorstellungen und Wünsche fahren zu lassen, um sich der Realität zu stellen.

Falls Sie diesen Weg wählen, empfehle ich Ihnen, sich von einem Persönlichkeits-Coach oder Paarberater begleiten zu lassen. Aus einem einfachen Grund: Sie werden schnell einen unüberlegten oder falschen Schritt machen, der Ihre Beziehung explodieren lässt. Doch genau das wollen Sie ja gerade nicht.

Überlegen und spüren Sie gut in sich nach, ob Sie diesen mühevollen Weg einer Beziehung gehen wollen. Er kann erfolgreich sein, doch die Aussichten darauf sind gering. Es kann daher für Sie und für alle anderen Beteiligten besser sein, wenn Sie die Segel streichen und die Beziehung beenden.

Perspektive: Ihr neuer Partner mag Ihr Kind nicht

Die meisten Mütter oder Väter, die mitbekommen, dass Ihr Kind vom neuen Partner abgelehnt wird, beenden die Beziehung. Das ist in meinen Augen eine gute und gesunde Reaktion. Indes kann es sein, dass Sie so von dem neuen Partner fasziniert sind oder eine Liebe zu ihm spüren, dass Sie trotz allem die Beziehung wollen. Hierfür gibt es einen Weg, der die Überschrift „Klarheit und getrennte Lebenswelten" trägt – in alle Richtungen:

- Klarheit gegenüber sich selbst: Ja, mein Partner mag mein Kind nicht, und doch will ich mit ihm zusammen sein.
- Klarheit gegenüber dem Kind: Ja, liebes Kind, mein Partner mag dich nicht. Dein Gefühl dafür ist richtig und du darfst das auch fühlen. Es ist nicht falsch. Ich liebe dich und werde für dich da sein.
- Klarheit gegenüber dem Partner: Ja, du magst mein Kind nicht. Ich liebe dich unabhängig davon. Wenn du eine Beziehung mit mir willst, dann werden wir die Lebenswelten trennen. Wir leben nicht zusammen, sondern treffen uns in kinderlosen Zeiten. Ich erwarte von dir, dass du in den wenigen Momenten, wo du mein Kind siehst, respektvoll mit ihm umgehst. Bist du bereit, dies für mich zu tun?

Sobald eine dieser Klarheiten für Sie unklar sein sollte, Finger weg von der Beziehung! Die Beziehung wird Leid bei allen Beteiligten erzeugen. Das hilft niemandem. Ohne die Bereitschaft, getrennte Lebenswelten zu etablieren, sehe ich in so einer Konstellation keine Chance für eine Beziehung auf Augenhöhe und mit Wachstum.

Vergessen Sie niemals: Sie sind der Anwalt Ihres Kindes. Ihr Kind wird Ihnen zuliebe die blödesten Sachen in einer Patchwork-Variante mitmachen. Sie sind als Mutter oder Vater verantwortlich dafür, dass es Ihrem Kind gut geht.

UMGANG MIT DER ABLEHNUNG DES PARTNERS

- Beenden Sie die Beziehung – egal wie stark Sie sich nach einem Partner sehnen. Sie sind der Anwalt Ihres Kindes!
- Wenn Sie sich nicht trennen wollen, dann etablieren Sie klar getrennte Lebenswelten.
- Holen Sie sich frühzeitig Hilfe, denn der Weg ist steinig und birgt viele Fallen. Eine professionelle Wegbegleitung ergibt in diesem Fall sehr viel Sinn (siehe hierzu den Abschnitt „Hilfe holen!").

Das Beste für alle: Klarheit

Seitdem wir eine wöchentliche Vollversammlung als Patchwork-Familie haben, wird das Zusammenleben langsam problemloser.

Patchwork-Paar mit zwei Kindern

Patchwork ist ein Abenteuer, Patchwork ist ein Experiment, Patchwork ist ein Weg mit offenem Ausgang, Patchwork ist Mühe, Patchwork ist Liebe. Alles das und noch viel mehr ist Patchwork.

Für ein Patchwork-Paar gelten alle Impulse und Tipps wie für das klassische Familienpaar. Nur dass es noch mehr Mitspieler gibt, insbesondere den jeweiligen Ex-Partner sowie die nicht eigenen Kinder. Ich habe Ihnen die sehr herausfordernden Situationen beschrieben, die eintreten können, wenn innerhalb der Beteiligten Ablehnung vorherrscht.

Die gute Nachricht ist, dass diese Fälle selten eintreten. Oft wird eine Beziehung bereits davor oder deswegen schnell beendet. Das ist sinnvoll und spart Kraft sowie Energie. Patchwork-Familien, die gut funktionieren, zeichnen sich durch Klarheit und Respekt bezogen auf die Gefühle, Bedürfnisse und Vorstellungen aller Teilnehmer aus.

Felder, die klar sein müssen

Es gibt ein paar Bereiche, in denen von Anfang Klarheit herrschen sollte. Das Manifest der Klarheit lautet:

1. Der neue Partner ist niemals Ersatz für den fehlenden Elternteil. Er ist hingegen eine sehr gute Ergänzung und kann je nach Geschlecht männliche oder weibliche Aspekte in das Zusammenleben und in die Entwicklung der Kinder einbringen.
2. Der Partner mit Kind erwartet keine Vater- oder Mutterrolle vom neuen Partner. Mutter und Vater sind nur die leiblichen Eltern.
3. Der neue Partner ist im besten Fall ein sehr guter Freund für die Kinder. In dieser Rolle kann er wunderbar andere Lebensaspekte einbringen, als Vorbild agieren und seine Vorstellungen des Zusammenlebens gestalten.
4. Der neue Partner ist sich bewusst, dass er in einigen Situationen hinter den Bedürfnissen der Kinder ansteht. Er findet für sich einen Weg, nicht um die Anerkennung des Partners in Konkurrenz zu den Kindern buhlen zu müssen. Er sorgt eigenverantwortlich für sein Selbstwertgefühl.

Patchwork-Vollversammlung

Hilfreich für das Experiment Patchwork sind regelmäßige – wöchentliche – familiäre Vollversammlungen. Hier nehmen alle Patchwork-Mitglieder mit gleichen Rechten teil.

Die Idee hinter der Gesprächsrunde ist, dass jedes Mitglied der Patch-work-Konstellation die Chance bekommt, für seine Anliegen und Wünsche Gehör zu finden. Nicht zwischen Tür und Angel, sondern in einem respektvollen und ruhigen Gesprächsraum. Der Ablauf ist ganz einfach und folgt drei Rahmenbedingungen:

- regelmäßiger und wenn möglich fester Termin
- Alle Mitglieder der Patchwork-Familie sind dabei.
- Jeder darf, keiner muss etwas sagen.

Grundsätzlich folgt das Gespräch den Ideen eines Zwiegesprächs (siehe hierzu den Abschnitt „Reden, zuhören, verstehen") mit der Besonderheit, dass die Kinder mit am Tisch sitzen.

Damit die Kinder sich offen äußern und das Vertrauen dafür gewin-nen, dass sie alles sagen können, bedarf es einer vertrauensvollen Atmosphäre am Tisch. Diese kann nur von den Erwachsenen erzeugt werden. Sie selbst müssen den respektvollen Umgang miteinander vorleben und vorsprechen. So öffnen Sie den Kindern die Tür, um sich zu zeigen.

KLARHEIT FÜR ALLE

- Seien Sie von Anfang an klar: Wer hat welche Rolle? Mama und Papa sind an die leiblichen Eltern vergeben. Der Patchwork-Partner ist im besten Fall ein sehr guter Freund.
- Verhelfen Sie Ihrem Kind zu Klarheit, indem Sie Ihre Klarheit vorleben.
- Etablieren Sie feste Gesprächsrunden, in denen jeder sich äußern darf. Damit schaffen Sie einen Raum, wo Schwierigkeiten im Mitein-ander respektvoll angesprochen werden können. Das ist der Start für eine Lösung.
- Weitere hilfreiche Tipps für das Gelingen von Patchwork finden Sie im Bonus-Eltern-Buch von Jesper Juul (siehe „Bücher zum Weiter-lesen" im Anhang).

NUR MUT!

Gehen Sie Ihren Weg als Paar. Lassen Sie sich dabei von einer Formel leiten: Geht es Ihnen einzeln und als Paar gut?

Wenn Sie zweimal mit Ja antworten können, dann herzlichen Glückwunsch! Vielleicht haben Ihnen ja einige Impulse helfen können, den Zustand zu festigen.

Wenn es Ihnen als Person oder als Paar nicht gut geht, dann können Sie beginnen, etwas zu verändern. Im Äußeren, indem Sie Ihr Familienmodell als berufstätige Eltern oder Ihre Einbindung im Job überprüfen. Im Inneren, indem Sie sich anschauen, welche Gedanken oder Glaubenssätze Sie in Ihrer Entfaltung blockieren. Das Schöne daran ist: Sie haben es selbst in der Hand, ob eine Veränderung beginnt oder nicht. Nutzen Sie Ihre Macht!

Ein gutes Gelingen wünscht Ihnen von ganzen Herzen

Ihr
Sascha Schmidt
www.wieder-paar-sein.de

ANHANG

Bücher zum Weiterlesen

Alain de Botton: Der Lauf der Liebe. Fischer 2016.

Gabriele Frick-Baer/Udo Baer: Das ABC der Gefühle. Beltz 2016.

Shirley Glass: Die Psychologie der Untreue. Klett-Cotta 2015.

Ann-Marlene Henning/Anika von Keiser: Make more love:
Ein Aufklärungsbuch für Erwachsene. Rogner und Bernhard 2014.

Jesper Juul: Aus Stiefeltern werden Bonuseltern. Chancen und
Herausforderungen für Patchwork-Familien. Beltz 2015.

Jesper Juul: Die kompetente Familie. Neue Wege in der Erziehung.
Das familylab-Buch. Beltz 2016.

Michael Lukas Moeller: Die Wahrheit beginnt zu zweit. Das Paar
im Gespräch. Rowohlt 2010.

Sascha Schmidt: Neue Väter – neue Karrieren. Gabal 2014.

Thich Nhat Hanh: Achtsam sprechen – achtsam zuhören: Die Kunst
der bewussten Kommunikation. O. W. Barth 2014.

Mathias Voelchert: Trennung in Liebe ... damit Freundschaft bleibt.
Kösel 2006.

Mathias Voelchert: Zum Frieden braucht es zwei, zum Krieg reicht
einer. Wie Paare Konflikte in Liebe lösen. Kösel 2016.

Hilfreiche Internetadressen

www.doch-noch.de:
hochwertige Tipps und Videoblog der Sexologin
Ann-Marlene Henning

www.familylab.de:
zahlreiche Tipps für das Familienleben basierend auf Jesper Juul;
Datenbank mit einem Verzeichnis von familylab-Seminarleitern

www.selflab-blog.de:
Impulse und konkrete Tipps für Karriere mit Kind
von Sascha Schmidt

www.wieder-paar-sein.de:
Paarberatung von Sascha Schmidt für berufstätige Eltern –
auch via Skype möglich

Bibliografische Information der Deutschen Nationalbibliothek
Die Deutsche Nationalbibliothek verzeichnet diese Publikation in der Deutschen
Nationalbibliografie; detaillierte bibliografische Daten sind im Internet über
http://dnb.ddb.de abrufbar.

ISBN 978-3-86910-518-5 (Print)
ISBN 978-3-86910-519-2 (PDF)
ISBN 978-3-86910-520-8 (EPUB)

Der Autor: Sascha Schmidt ist Paarberater und familylab-Seminarleiter. Sein Schwerpunkt
liegt auf Nothilfe für Paare in der Krise. Aufgrund seiner umfangreichen Beratungserfahrung
weiß er, wie sich schwierige Situationen in der Partnerschaft alltagstauglich auflösen lassen.
Für diesen Ratgeber hat er die besten Tipps für alle Eltern zusammengetragen, die zwar als
Team funktionieren, sich aber als Paar verloren haben.

Originalausgabe

© 2017 humboldt
Eine Marke der Schlüterschen Verlagsgesellschaft mbH & Co. KG,
Hans-Böckler-Allee 7, 30173 Hannover
www.schluetersche.de
www.humboldt.de

Lektorat: Linda Strehl, München
Covergestaltung: semper smile Werbeagentur GmbH, München
Covermotiv: shutterstock/Misunseo; Mjgraphics; katerinarspb
Satz: PER Medien+Marketing GmbH, Braunschweig
Druck und Bindung: Grafisches Centrum Cuno GmbH & Co. KG, Calbe